U0829254

中华人民共和国
国家安全法

大字学习版

中国法制出版社
CHINA LEGAL PUBLISHING HOUSE

编辑说明

全民普法是全面依法治国的长期基础性工作。为方便广大读者学习法律法规，中国法制出版社全新编写了“法律法规大字学习版”丛书。在确保法律文本准确的基础上，对法条内容进行了必要的编辑加工，体例新颖，内容翔实，以帮助广大读者学习法律法规，真正让法律走到读者身边、走进读者心里。

本丛书的特点如下：

1. 大字醒目。正文法条内容通过双色印刷、大字号、宽行距等精心设计，版式舒朗，阅读顺畅，致力于为读者带来更佳的阅读体验。

2. 双色标注。对法条以双色、星级及波浪线等形式标注，既能有效消除读者对复杂、烦琐法条的畏难心理，又能帮助读者迅速把握法律法规的脉络。

3. 关联注释。在法条下方标注【相关法条】，方便读者查找翻阅关联内容，举一反三，融会贯通；同时对不易理解的法条，通过【注释】【生活小案例】【典型案例】【小测试】等版块设计，从立法背景、内容要义、实践应用等多维度帮助读者理解法条，力求帮助读者学懂弄通会用。

4. 实用图表。立足读者实际需求，以图表形式对所收录的法律法规重点内容进行总结提炼，贴近生活，通俗易懂，帮助读者更加直观地理解核心条款。

5. 电子增补。为了帮助读者随时掌握法律法规的最新动态，本丛书将适时进行电子增补，请读者登录中国法制出版社网站 http://www.zgfzs.com“资源下载”频道或者关注我社官方微信公众号“中国法制出版社”免费下载。

中国法制出版社

凡　例

简　称	全　称
安全生产法	中华人民共和国安全生产法
澳门特别行政区基本法	中华人民共和国澳门特别行政区基本法
保守国家秘密法	中华人民共和国保守国家秘密法
出境入境管理法	中华人民共和国出境入境管理法
传染病防治法	中华人民共和国传染病防治法
促进科技成果转化法	中华人民共和国促进科技成果转化法
地方各级人民代表大会和地方各级人民政府组织法	中华人民共和国地方各级人民代表大会和地方各级人民政府组织法
动物防疫法	中华人民共和国动物防疫法
对外贸易法	中华人民共和国对外贸易法
反间谍法	中华人民共和国反间谍法
反恐怖主义法	中华人民共和国反恐怖主义法
反垄断法	中华人民共和国反垄断法
防震减灾法	中华人民共和国防震减灾法

续表

简　称	全　称
个人信息保护法	中华人民共和国个人信息保护法
公务员法	中华人民共和国公务员法
固体废物污染环境防治法	中华人民共和国固体废物污染环境防治法
国防法	中华人民共和国国防法
国防动员法	中华人民共和国国防动员法
国家安全法	中华人民共和国国家安全法
国家赔偿法	中华人民共和国国家赔偿法
国务院组织法	中华人民共和国国务院组织法
环境保护法	中华人民共和国环境保护法
集会游行示威法	中华人民共和国集会游行示威法
节约能源法	中华人民共和国节约能源法
戒严法	中华人民共和国戒严法
军事设施保护法	中华人民共和国军事设施保护法
科学技术进步法	中华人民共和国科学技术进步法
立法法	中华人民共和国立法法
领海及毗连区法	中华人民共和国领海及毗连区法
民用航空法	中华人民共和国民用航空法
民族区域自治法	中华人民共和国民族区域自治法

续表

简称	全称
农业法	中华人民共和国农业法
企业国有资产法	中华人民共和国企业国有资产法
人民警察法	中华人民共和国人民警察法
人民武装警察法	中华人民共和国人民武装警察法
生物安全法	中华人民共和国生物安全法
数据安全法	中华人民共和国数据安全法
特种设备安全法	中华人民共和国特种设备安全法
突发事件应对法	中华人民共和国突发事件应对法
网络安全法	中华人民共和国网络安全法
宪法	中华人民共和国宪法
香港特别行政区基本法	中华人民共和国香港特别行政区基本法
消防法	中华人民共和国消防法
刑法	中华人民共和国刑法
刑事诉讼法	中华人民共和国刑事诉讼法
行政强制法	中华人民共和国行政强制法
行政诉讼法	中华人民共和国行政诉讼法
野生动物保护法	中华人民共和国野生动物保护法
银行业监督管理法	中华人民共和国银行业监督管理法

续表

简　称	全　称
治安管理处罚法	中华人民共和国治安管理处罚法
中国人民银行法	中华人民共和国中国人民银行法
驻外外交人员法	中华人民共和国驻外外交人员法
专属经济区和大陆架法	中华人民共和国专属经济区和大陆架法
防汛条例	中华人民共和国防汛条例
核出口管制条例	中华人民共和国核出口管制条例
核两用品及相关技术出口管制条例	中华人民共和国核两用品及相关技术出口管制条例
人民警察使用警械和武器条例	中华人民共和国人民警察使用警械和武器条例

目　录

附录一　相关规定

附录二　实用图表

中华人民共和国国家安全法

（2015年7月1日第十二届全国人民代表大会常务委员会第十五次会议通过　2015年7月1日中华人民共和国主席令第29号公布　自公布之日起施行）

第一章　总　　则

第一条　【立法宗旨】[①] 为了维护国家安全，保卫人民民主专政的政权和中国特色社会主义制度，保护人民的根本利益，保障改革开放和社会主义现代化建设的顺利进行，实现中华民族伟大复兴，根据宪法，制定本法。

注释

本条是关于立法宗旨的规定。维护国家安全，根本的任务和目的是保卫人民民主专政的政权和中国特色社会主义制度，保护人民的根本利益，保障改革开放和社会主义现代化建设的顺利进行，实现中华民族伟大复兴。

① 本书条文主旨为编者所加，下同。

★ **第二条** **【国家安全的含义】**国家安全是指国家政权、主权、统一和领土完整、人民福祉、经济社会可持续发展和国家其他重大利益相对处于没有危险和不受内外威胁的状态，以及保障持续安全状态的能力。

注释

本条是关于国家安全含义的规定。维护国家安全的核心是维护国家核心利益和其他重大利益的安全。2011 年 9 月 6 日中国政府发布的《中国的和平发展》白皮书对国家的核心利益作了明确阐述，《国家安全法》对此予以重申，即明确我国的“国家安全”首先是指核心利益的安全，包括国家政权、主权、统一和领土完整、人民福祉、经济社会可持续发展，其次包括国家其他重大利益的安全。

国家安全既包括安全状态，也包括维护国家安全的能力。《国家安全法》第五章专门规定了“国家安全保障”，就加强国家安全能力建设提出了具体要求。

☞ **相关法条**

《国家安全法》第 2 章、第 5 章

第三条 **【指导思想】**国家安全工作应当坚持总体国家安全观，以人民安全为宗旨，以政治安全为根本，以经济安全为基础，以军事、文化、社会安全为保障，以促进国际安全为依托，维护各领域国家安全，构建国家安全体系，走中国特色国家安全道路。

注释

本条是关于国家安全工作指导思想的规定。党的十八大以来，以习近平同志为核心的党中央高瞻远瞩，科学把握国家安全形势变化新特点新趋势，继承和发展了新中国成立以来党和国家有关维护国家安全的一系列重要理论，深入总结维护国家安全取得的经验，审时度势提出总体国家安全观的重要战略思想。

本法以法律形式确立了总体国家安全观在国家安全工作中的指导思想地位，标志着总体国家安全观实现了从战略思想到法律制度的转化。

相关法条

《国家安全法》第1条、第2条、第3条、第4条、第7条、第16条、第33条

★ **第四条　【国家安全领导体制】** 坚持中国共产党对国家安全工作的领导，建立集中统一、高效权威的国家安全领导体制。

注释

本条是关于国家安全领导体制的规定。本条与第5条关于中央国家安全领导机构职责共同构成了国家安全工作的重要制度基础。

国家安全是安邦定国的重要基石，必须毫不动摇坚持中国共产党对国家安全工作的绝对领导，这是维护国家安全的必然要求，也是发挥党总揽全局、统筹协调作用的重要体现。

☞ **相关法条**

《国家安全法》第4条、第5条

第五条　【中央国家安全领导机构职责】中央国家安全领导机构负责国家安全工作的决策和议事协调，研究制定、指导实施国家安全战略和有关重大方针政策，统筹协调国家安全重大事项和重要工作，推动国家安全法治建设。

注释

本条是关于中央国家安全领导机构职责的规定。国家安全事务具有高度敏感、复杂的性质，既需要运筹帷幄也需要令行禁止，必须通过建立集中统一、高效权威的体制来实现党对国家安全事务的领导。

2013年党的十八届三中全会决定，设立国家安全委员会。中央国家安全委员会作为中共中央关于国家安全工作的决策和议事协调机构，向中央政治局、中央政治局常务委员会负责，统筹协调涉及国家安全的重大事项和重要工作。

☞ **相关法条**

《国家安全法》第5条、第6条、第4章

第六条　【国家安全战略】国家制定并不断完善国家安全战略，全面评估国际、国内安全形势，明确国家安全战略的指导方针、中长期目标、重点领域的国家安全政策、工作任务和措施。

注释

国家安全战略，是关于国家安全目标、方针、途径和手段等宏观和长远的筹划，是综合运用国家军事、外交、政治、经济和文化等多种手段应对威胁和挑战的顶层设计，旨在保障国家生存和发展的根本利益。

2015年1月23日，中共中央政治局召开会议，审议通过《国家安全战略纲要》。制定和实施《国家安全战略纲要》，是有效维护国家安全的迫切需要，是完善中国特色社会主义制度、推进国家治理体系和治理能力现代化的必然要求，也为国家安全法立法提供了借鉴。

☞ **相关法条**

《国家安全法》第6条、第46条、第47条

★★ **第七条　【法治原则、尊重和保障人权原则】**维护国家安全，应当遵守宪法和法律，坚持社会主义法治原则，尊重和保障人权，依法保护公民的权利和自由。

注释

本条是关于法治原则的规定。在国家安全工作中坚持社会主义法治原则，就是要求全社会在国家安全工作中，必须坚持按照宪法和法律规定办事。对国家机关而言，就是要坚持权依法使，法无明文规定不得为，运用法治思维、法治方式、法治程序开展国家安全工作。特别是在进入“紧急状态”“战争状态”“动员状态”的情况下，更要约束公权力行使，更要注重保护宪法法律赋予公民的权利和自由；同时公民必须履行宪法法律赋予的义务，如兵役义务、国防勤务、遵守三种状态下国家采取的特别措施的义务等。

☞ **相关法条**

《宪法》第5条、第33条

《国家安全法》第2条、第13条、第66条

第八条　【统筹兼顾原则】维护国家安全，应当与经济社会发展相协调。

国家安全工作应当统筹内部安全和外部安全、国土安全和国民安全、传统安全和非传统安全、自身安全和共同安全。

☞ **相关法条**

《国家安全法》第2条、第10条、第2章

第九条　【标本兼治、专群结合原则】维护国家安全，应当坚持预防为主、标本兼治，专门工作与群众路线相结合，充分发挥专门机关和其他有关机关维护国家安全的职能作用，广泛动员公民和组织，防范、制止和依法惩治危害国家安全的行为。

注释

本条是关于标本兼治、专群结合原则的规定。

“预防为主、标本兼治”，就是要谋事在先，防范在前，尊重科学，探索规律，采取有效的事前控制措施，预防危害国家安全事件的发生，做到防患于未然，将国家安全风险和危机消灭在萌芽状态。同时又要从危害国家安全

的个别行为现象中挖掘幕后的、深层次的背景、动机等，研究其破坏活动的规律，从而做到标本兼治，斩草除根，把对国家安全的危害降低到最低程度。

专门工作与群众路线相结合，就是指要发挥国家安全机关、公安机关等专门机关在维护国家安全中的主要作用，通过依法搜集涉及国家安全的情报信息，依法行使行政执法和刑事执法职权，对危害国家安全的活动开展有关侦查、调查等专业工作，维护国家安全。坚持群众路线是中国共产党的优良传统。维护国家安全要坚持以民为本、以人为本，坚持国家安全一切为了人民、一切依靠人民，才能真正夯实国家安全的群众基础。

☞ 相关法条

《国家安全法》第 11 条、第 12 条、第 14 条、第 39 条、第 40 条、第 41 条、第 42 条、第 74 条、第 75 条、第 6 章

《反间谍法》第 2 条

第十条　【共同安全原则】维护国家安全，应当坚持互信、互利、平等、协作，积极同外国政府和国际组织开展安全交流合作，履行国际安全义务，促进共同安全，维护世界和平。

注释

本条是关于共同安全原则的规定。面对错综复杂的国际安全威胁，单打独斗不行，迷信武力更不行，中国倡导互信、互利、平等、协作的新安全观，坚持合作安全、集体安全、共同安全才是解决问题的正确选择。

☞ 相关法条

《国家安全法》第18条

《国防法》第67条、第68条、第69条、第70条

第十一条　【维护国家安全的全民义务】中华人民共和国公民、一切国家机关和武装力量、各政党和各人民团体、企业事业组织和其他社会组织，都有维护国家安全的责任和义务。

中国的主权和领土完整不容侵犯和分割。维护国家主权、统一和领土完整是包括港澳同胞和台湾同胞在内的全中国人民的共同义务。

注释

本条是关于维护国家安全的全民义务的规定。《宪法》第54条规定："中华人民共和国公民有维护祖国的安全、荣誉和利益的义务，不得有危害祖国的安全、荣誉和利益的行为。"对公民维护国家安全、荣誉和利益的义务作了

规定。国家安全是国家生存和发展的最基本和最重要的前提，事关每个人的安全。国家的安全是维护国家的政权稳定和公民享有自由和依法行使各项权利的根本保障。维护国家的安全、荣誉和利益是每一个公民的义务。

☞ **相关法条**

《宪法》第 52 条、第 54 条、第 55 条第 1 款

《国家安全法》第 13 条、第 40 条第 3 款、第 77 条、第 78 条、第 79 条

《反分裂国家法》第 2 条

《香港特别行政区基本法》第 18 条、第 23 条

《澳门特别行政区基本法》第 18 条、第 23 条

《反间谍法》第 4 条

第十二条　【表彰奖励】国家对在维护国家安全工作中作出突出贡献的个人和组织给予表彰和奖励。

注释

本法为国家实施表彰奖励提供了法律依据，同时，考虑到本条只是作出原则性规定，其他法律如已对表彰奖励的程序、形式等作出规定的，按照其他法律规定执行。在维护国家安全工作中需要对公务员、公务员集体进行表彰奖励的，可依据《公务员法》的有关程序规定来实施。

☞ **相关法条**

《公务员法》第51条、第54条

★ **第十三条　【法律责任】**国家机关工作人员在国家安全工作和涉及国家安全活动中，滥用职权、玩忽职守、徇私舞弊的，依法追究法律责任。

任何个人和组织违反本法和有关法律，不履行维护国家安全义务或者从事危害国家安全活动的，依法追究法律责任。

注释

本条从不同的责任主体角度对法律责任作出了规定，主要有以下两个方面内容：第1款主要针对国家机关工作人员，第2款适用于所有个人和组织。

关于国家机关工作人员的法律责任针对的是国家机关工作人员的三种不当行为：滥用职权、玩忽职守和徇私舞弊。需要依法追究的法律责任根据行为危害性程度、情节轻重等，可区分为行政责任和刑事责任。

需要追究个人和组织法律责任的行为主要包括两种：一是违反《国家安全法》和有关法律，不履行维护国家安全义务的行为。不依法履行维护国家安全义务，是一种消极不作为的行为，即“当为而不为”。这一规定的目的是督促个人和组织依法积极主动履行义务，在维护国家安全工作中发挥作用。二是违反《国家安全法》和有关法律，从事危害国家安全活动的行为，即“不当为而为之”。从事危害国家安全活动的行为，是一种积极作为的违法行为，社会危害更大，必须坚决予以打击，追究相关个人和组织的法律责任。

★★ **第十四条　【全民国家安全教育日】** 每年4月15日为全民国家安全教育日。

注释

虽然我国综合国力不断提升，全社会物质条件和精神生活都得到很大程度的改善，但是全民国家安全意识并未因此而同步提高，因此有必要在全社会进行国家安全教育，提升全社会国家安全意识，时刻绷紧国家安全这根弦。

2014年4月15日，中央国家安全委员会第一次全体会议召开，习近平同志提出了“总体国家安全观”重大战略思想，为新形势下维护国家安全工作确立了重要遵循。这是我国国家安全工作中的一件大事，也是党和国家事业发展中的一件大事。因此《国家安全法》将4月15日定为全民国家安全教育日。

小测试[*] ①

1. 国家安全是指国家政权、主权、统一和领土完整、人民福祉、经济社会可持续发展和国家其他重大利益相对处于没有危险和不受内外威胁的状态，以及保障持续安全状态的能力。（　　）

2. 国家安全工作应当统筹内部安全和外部安全、国土安全和国民安全、传统安全和非传统安全、自身安全和共同安全。（　　）

3. 每年（　　）为全民国家安全教育日。

A. 2 月 15 日　　B. 3 月 15 日

C. 4 月 15 日　　D. 7 月 15 日

4. 维护国家安全，应当遵守宪法和法律，坚持社会主义____，尊重和保障人权，依法保护公民的权利和自由。

5. 维护国家安全，应当坚持____、____，专门工作与群众路线相结合，充分发挥专门机关和其他有关机关维护国家安全的职能作用，广泛动员公民和组织，防范、制止和依法惩治危害国家安全的行为。

* 本书小测试依次设置判断、选择、填空三种题型。

① 【答案】1. √。2. √。3. C。4. 法治原则。5. 预防为主；标本兼治。

第二章　维护国家安全的任务

★★ **第十五条　【维护政治安全的任务】** 国家坚持中国共产党的领导，维护中国特色社会主义制度，发展社会主义民主政治，健全社会主义法治，强化权力运行制约和监督机制，保障人民当家作主的各项权利。

国家防范、制止和依法惩治任何叛国、分裂国家、煽动叛乱、颠覆或者煽动颠覆人民民主专政政权的行为；防范、制止和依法惩治窃取、泄露国家秘密等危害国家安全的行为；防范、制止和依法惩治境外势力的渗透、破坏、颠覆、分裂活动。

注释

本条是关于维护政治安全任务的规定。政治安全是国家安全最根本的安全，是国家利益的最高目标。政治安全的核心是政权安全和制度安全。维护政治安全，要做到以下几点：（一）坚持中国共产党的领导；（二）维护中国特色社会主义制度；（三）发展社会主义民主政治；（四）健全社会主义法治；（五）强化权力运行制约和监督机制；（六）保障人民当家作主的各项权利；（七）依法防范、制止和惩治危害政治安全的行为。

典型案例一

肃某，长期在云南某学校工作，多次在网上发表反动文章。2016年，肃某通过网络结识了身在境外的某敌对组织骨干成员。随后，该骨干成员入境成都，与肃某密谋策划通过开展暴力行动颠覆我国国家政权，妄图改变中国政治制度。

肃某和该敌对分子商定，先从境外采购武器，再在国内招募所谓“敢死队”，于2017年春节期间在云南昆明袭击派出所，并抢夺驻军弹药库，实施断水、断电及纵火行动。若行动成功，肃某将通过网络媒体公布他草拟的政治诉求；若行动失败，则想办法撤退到境外。

肃某将他们的行动命名为“中国班加西工程”，并开始了积极的准备工作。他建立了多个微信群进行指挥协调，指使人员赴云南考察边境路线，赴境外与敌对分子见面，商议武器和资金事宜。令肃某和其同伙没想到的是，这些准备工作早已进入国家安全机关工作视线，在暴力行动实施前，他们就被全部抓捕归案。

此案是一起境内人员与境外敌对分子勾结，妄图暴力颠覆我国国家政权的典型案件。国家安全机关的侦查破获，有力打击了不法分子的险恶用心，有力维护了国家政治安全。

2019年4月，四川省成都市中级人民法院对此案依法进行宣判，认定肃某犯颠覆国家政权罪，肃某当庭表示认罪悔罪。①

☞ **相关法条**

《香港特别行政区基本法》第23条

《澳门特别行政区基本法》第23条

《刑法》第102条、第103条、第105条等

第十六条　【维护人民安全的任务】国家维护和发展最广大人民的根本利益，保卫人民安全，创造良好生存发展条件和安定工作生活环境，保障公民的生命财产安全和其他合法权益。

注释

在我国，国家的一切权力属于人民。中国共产党的根本宗旨是全心全意为人民服务。维护国家安全为了人民、依靠人民、造福人民、保护人民，以保障人民根本权益为出发点和落脚点，体现维护国家安全"以人民安全为宗旨"的思想，把维护人民安全作为重要的安全领域。具体

① 参见《国家安全部公布一批危害国家安全典型案件》，载人民网，http：//yn. people. com. cn/n2/2020/0417/c378440-33954995. html，最后访问时间：2021年11月22日。

而言，第一，维护和发展最广大人民的根本利益。这是维护人民安全的价值追求。第二，保卫人民安全。这是维护人民安全的核心任务。第三，创造良好生存发展条件和安定工作生活环境。这是保障人民安全所需条件和环境的任务。第四，保障公民的生命财产安全和其他合法权益。这是维护人民安全的首要条件。

第十七条　【维护国土安全的任务】国家加强边防、海防和空防建设，采取一切必要的防卫和管控措施，保卫领陆、内水、领海和领空安全，维护国家领土主权和海洋权益。

注释

国土安全是传统国家安全的核心内容，是国家生存与发展的重要保障。领陆、内水、领海、领空都属于我国的领土，我国对其具有领土主权。

☞ 相关法条

《领海及毗连区法》第2条、第3条、第14条

《专属经济区和大陆架法》第2条、第3条、第4条、第12条

《民用航空法》第2条、第174条第2款

《出境入境管理法》第6条第3款

《军事设施保护法》第2条

《反分裂国家法》第8条

第十八条　【维护军事安全的任务】国家加强武装力量革命化、现代化、正规化建设，建设与保卫国家安全和发展利益需要相适应的武装力量；实施积极防御军事战略方针，防备和抵御侵略，制止武装颠覆和分裂；开展国际军事安全合作，实施联合国维和、国际救援、海上护航和维护国家海外利益的军事行动，维护国家主权、安全、领土完整、发展利益和世界和平。

注释

军队是国家安全的坚强柱石，军事安全是国家安全的重要保障。强军才能卫国，强国必须强军。

第一，中华人民共和国的武装力量属于人民。为了有效履行《宪法》和《国防法》赋予的巩固国防、抵抗侵略、保卫祖国、保卫人民的和平劳动、参加国家建设事业、全心全意为人民服务的使命任务，必须加强武装力量的革命化、现代化、正规化建设。

第二，我国的武装力量，由中国人民解放军现役部队和预备役部队、中国人民武装警察部队、民兵组成。现役部队是国家的常备军，主要担负防卫作战任务，必要时可以依照法律规定协助维护社会秩序；预备役部队平时按照规定进行训练，必要时可以依照法律规定协助维护社会秩序，战时根据国家发布的动员令转为现役部队。中国人民武装警察部队在国务院、中央军事委员会的领导指挥下，担负国家赋予的安全保卫任务，维护社会秩序。民兵在军事机关的指挥下，担负战备勤务、防卫作战任务，协助维护社会秩序。

第三，武装力量在维护国家安全中的主要职能。一是实施积极防御军事战略方针，防备和抵御侵略，制止武装颠覆和分裂。二是实施联合国维和、国际救援、海上护航和维护国家海外利益的军事行动。我国恪守《联合国宪章》的宗旨和原则，遵守公认的国际法准则，根据《国家安全法》等法律的规定，实施联合国维和、国际救援、海上护航和维护国家海外利益的军事行动，坚定维护国家主权、安全、领土完整、发展利益和世界和平。

典型案例

李某等人私自架设气象观测设备，
采集并向境外传送敏感气象数据案①

2021年3月，国家安全机关工作时发现，国家某重要军事基地周边建有一可疑气象观测设备，具备采集精确位置信息和多类型气象数据的功能，所采集数据直接传送至境外。

国家安全机关经调查掌握，有关气象观测设备由李某网上购买并私自架设，类似设备已向全国多地售出100余套，部分被架设在我国重要区域周边，有关设备所采集数据被传送到境外某气象观测组织的网站。该境外气象观测组织实际上由某国政府部门以科研之名发起成立，而该部门的一项重要任务就是搜集分析全球气象数据信息，为其军方提供服务。

国家安全机关会同有关部门联合开展执法，责令有关人员立即拆除设备，消除了风险隐患。

☞ 相关法条

《宪法》第29条第2款

① 参见《国家安全部公布三起危害重要数据安全案例》，载新华网，http：//www.xinhuanet.com/mrdx/2021-11/01/c_1310282975.htm，最后访问时间：2021年11月22日。

《国防法》第4条、第20条、第22条

★ **第十九条 【维护经济安全的任务】**国家维护国家基本经济制度和社会主义市场经济秩序，健全预防和化解经济安全风险的制度机制，保障关系国民经济命脉的重要行业和关键领域、重点产业、重大基础设施和重大建设项目以及其他重大经济利益安全。

注释

经济基础决定上层建筑，根据总体国家安全观的要求，保障经济安全是维护国家安全的基础。特别是在当前经济全球化的条件下，经济主权已经成为国家主权的重要组成部分。经济安全不仅关系国家的经济发展和风险防范，而且涉及国家的政治独立和主权完整。经济安全与政治独立是确保国家主权完整的两个不可分割的要素，从近年来的许多实践看，没有经济安全，国家的政治独立就难以保障。

☞ **相关法条**

《宪法》第6条、第7条、第15条

《中国人民银行法》第31条、第34条

《银行业监督管理法》第27条

《农业法》第5章

《对外贸易法》第7条

《企业国有资产法》第7条

第二十条　【维护金融安全的任务】 国家健全金融宏观审慎管理和金融风险防范、处置机制，加强金融基础设施和基础能力建设，防范和化解系统性、区域性金融风险，防范和抵御外部金融风险的冲击。

注释

防范和化解金融风险，保证金融安全、高效、稳健运行，是我国经济工作面临的一项重要和紧迫的任务。金融业是高风险行业。金融风险突发性强、波及面广、危害极大，一旦爆发重大问题，就会危及经济、社会甚至政治稳定，严重影响改革开放和现代化建设的进程。要建立与社会主义市场经济发展相适应的金融机构体系、金融市场体系和金融调控监管体系，化解金融风险，增强防范和抵御金融风险能力，为进一步全面推进改革开放和现代化建设创造良好的条件。

第二十一条　【维护资源能源安全的任务】 国家合理利用和保护资源能源，有效管控战略资源能源的开发，加强战略资源能源储备，完善资源能源运输战略通道建设和安全保护措施，加强国际资源能源合作，全面提升应急保障能力，保障经济社会发展所需的资源能源持续、可靠和有效供给。

注释

资源能源安全是一个国家或地区可以持续、稳定、及时、足量和经济地获取所需自然资源和能源的状态。资源能源安全在国家安全中占有基础地位，是人民群众和整个国家生存与发展的不可或缺的物质基础。资源能源安全是非传统安全的重要方面，并与环境安全、生态安全、粮食安全及经济安全有着密切联系。

☞ **相关法条**

《宪法》第9条

第二十二条　【维护粮食安全的任务】国家健全粮食安全保障体系，保护和提高粮食综合生产能力，完善粮食储备制度、流通体系和市场调控机制，健全粮食安全预警制度，保障粮食供给和质量安全。

注释

粮食安全是实现我国经济发展、社会稳定和国家安全的重要基础。党和国家历来高度重视粮食安全，始终把饭碗牢牢端在自己手上作为治国理政长期坚持的基本方针。

☞ **相关法条**

《农业法》第5章

第二十三条　【维护文化安全的任务】 国家坚持社会主义先进文化前进方向，继承和弘扬中华民族优秀传统文化，培育和践行社会主义核心价值观，防范和抵制不良文化的影响，掌握意识形态领域主导权，增强文化整体实力和竞争力。

注　释

文化是民族的血脉，是人民的精神家园。维护文化安全，主要包括国家的文化主权和文化尊严不受侵犯，文化传统和文化选择得到尊重，与经济基础和社会政治制度相适应的意识形态占据主导地位。

典型案例

大学生何某某无意中在某网站看到一些平时少见的暴恐音视频，十分好奇，便下载观看。由于学习压力大，不知不觉便爱上看这类音视频用于解压。2020年下半年何某某开始在网上利用翻墙软件下载了64部暴恐音视频到手机，用来自己平时观看。

经有关部门审查，何某某持有的64部暴恐音视频为剪辑各类血腥暴力内容拼接视频，其中1部音视频包括恐怖组织宣传极端恐怖主义内容，其余63部音视频内容为国外战乱地区的枪械射杀、冷兵器砍杀等暴力血腥内容。

这些视频的传播危害极大，足以危害公共安全，破坏社会秩序的稳定。根据法律规定，何某某的行为已涉嫌非法持有宣扬恐怖主义、极端主义物品罪，遂对其依法批准逮捕。①

第二十四条　【维护科技安全的任务】国家加强自主创新能力建设，加快发展自主可控的战略高新技术和重要领域核心关键技术，加强知识产权的运用、保护和科技保密能力建设，保障重大技术和工程的安全。

注释

科学技术是第一生产力，科技兴则民族兴，科技强则国家强。科技和科技安全广泛渗透于国家安全的各种领域、各个要素和各个因素之中，对当代国家安全起到决定性作用。

科技安全包括国家利益免受国外科技优势威胁和敌对势力、破坏势力以技术手段相威胁，国家利益免受科技发展自身的负面影响；也包括国家以科技手段维护国家安全的能力，以及国家在所面临的国际国内环境中保障科学技术健康发展以及依靠科学技术提高综合国力的能力。

① 参见《全民国家安全教育日丨关于国家安全知识你了解多少?》，载新华网，http://www.xinhuanet.com/legal/2021-04/14/c_1127329200.htm，最后访问时间：2021年11月22日。

典型案例

王某某，曾任我国某航空研究所副总设计师，硕士研究生学历，原籍中国陕西。他的妻子赵某某，同样曾是该研究所的技术人员。在研究所工作期间，王某某组织并参与了多项国家重点涉密项目的研制，而赵某某也参与了国家某项涉密项目的研究工作，两人均为掌握国家秘密的国家工作人员。

从1999年开始，王某某和赵某某就预谋移民某西方国家，他们向单位隐瞒情况，伪造材料，私自申领因私护照，并通过移民中介公司办理了移民该国的全部手续。2002年春节期间，两人利用回陕西探亲的机会，携子秘密前往该西方国家，并于2005年取得该国国籍。

王某某夫妇消失后，国家安全机关迅速将他们纳入工作视线，侦查发现，王某某到达国外后，一直在该国从事着航空领域相关工作。由于掌握我国大量科研机密，又在国外从事相同领域工作，王某某夫妇的叛逃，对我国军事安全、科技安全造成重大威胁。

2017年王某某夫妇在离境近16年后，用外籍身份入境，回陕西老家探亲。2017年11月，在西安咸阳国际机场，王某某、赵某某夫妇落网。

2019年11月，河南省洛阳市中级人民法院以叛逃罪判处王某某有期徒刑三年，赵某某有期徒刑两年。①

☞ **相关法条**

《科学技术进步法》第2条、第28条

《保守国家秘密法》第9条

《促进科技成果转化法》第3条

《科学技术保密规定》

★★ **第二十五条　【维护网络信息安全的任务】** 国家建设网络与信息安全保障体系，提升网络与信息安全保护能力，加强网络和信息技术的创新研究和开发应用，实现网络和信息核心技术、关键基础设施和重要领域信息系统及数据的安全可控；加强网络管理，防范、制止和依法惩治网络攻击、网络入侵、网络窃密、散布违法有害信息等网络违法犯罪行为，维护国家网络空间主权、安全和发展利益。

① 参见《国家安全部新闻办披露几起危害国家安全典型案例》，载央广网，http：//china. cnr. cn/xwwgf/20200416/t20200416_525056573. shtml，最后访问时间：2021年11月22日。

注释

第一，建设网络与信息安全保障体系。主要包括：一是建立和完善信息安全等级保护制度，重点保护基础信息网络和关系国家安全、经济命脉、社会稳定的重要信息系统。二是加强密码技术的开发利用。三是建设网络信任体系，健全电子认证服务体系，推动电子签名在金融等重点领域和电子商务中的应用。四是建设信息安全风险评估机制。五是建设和完善信息安全监控体系，提高对网络安全事件应对和防范能力，防止有害信息传播。六是健全完善信息安全应急指挥和安全通报制度，

第二，提升网络与信息安全保护能力。主要包括：一是大力增强国家信息安全保障能力。二是加快信息安全人才培养，增强国民信息安全意识。三是不断提高信息安全的法律保障能力、基础支撑能力、网络舆论宣传的驾驭能力和我国在国际信息安全领域的影响力，建立和完善维护国家信息安全的长效机制。

第三，加强网络和信息技术创新、实现安全可控。同步推进网络信息安全和应急通信保障能力建设，不断增强基础网络、核心系统、关键资源的安全掌控能力以及应急服务能力，实现网络安全可控、业务安全可管、应急保障可靠。

第四，加强网络管理、打击网络犯罪。一是打击针对网络本身的犯罪，例如网络攻击、网络入侵。二是打击利用网络从事违法犯罪活动。

第五，维护国家网络空间主权。网络主权是国家主权在网络空间的体现和延伸，网络主权原则是我国维护国家安全和利益、参与网络国际治理与合作所坚持的重要原则。我国政府认为，互联网是国家重要基础设施，中华人民共和国境内的互联网属于中国主权管辖范围，中国的互联网主权应受到尊重和维护。

典型案例

某境外咨询调查公司秘密搜集窃取航运数据案①

2021年5月，国家安全机关发现，某境外咨询调查公司通过网络、电话等方式，频繁联系我大型航运企业、代理服务公司的管理人员，以高额报酬聘请行业咨询专家之名，与我境内数十名人员建立"合作"，指使其广泛搜集提供我航运基础数据、特定船只载物信息等。经办案人

① 参见《国家安全部公布三起危害重要数据安全案例》，载新华网，http://www.xinhuanet.com/mrdx/2021-11/01/c_1310282975.htm，最后访问时间：2021年11月22日。

员进一步调查掌握，相关境外咨询调查公司与所在国家间谍情报机关关系密切，承接了大量情报搜集和分析业务，通过我境内人员所获的航运数据，都提供给该国间谍情报机关。

为防范相关危害持续发生，国家安全机关及时对有关境内人员进行警示教育，并责令所在公司加强内部人员管理和数据安全保护措施。同时，依法对该境外咨询调查公司有关活动进行了查处。

☞ 相关法条

《全国人民代表大会常务委员会关于维护互联网安全的决定》

《网络安全法》

《数据安全法》

《个人信息保护法》

《治安管理处罚法》第68条

第二十六条　【民族领域维护国家安全的任务】 国家坚持和完善民族区域自治制度，巩固和发展平等团结互助和谐的社会主义民族关系。坚持各民族一律平等，加强民族交往、交流、交融，防范、制止和依法惩治民族分裂活动，维护国家统一、民族团结和社会和谐，实现各民族共同团结奋斗、共同繁荣发展。

注释

我国是一个统一的多民族国家，民族问题和民族工作始终关系党和国家工作大局。中国共产党历来高度重视民族问题，在《宪法》《民族区域自治法》等法律法规中都作了规定，对巩固和发展平等、团结、互助、和谐的社会主义民族关系发挥了重要作用。

☞ **相关法条**

《宪法》第 4 条

《民族区域自治法》

《反恐怖主义法》第 6 条、第 81 条

《刑法》第 249 条、第 250 条、第 251 条

第二十七条　【宗教领域维护国家安全的任务】 国家依法保护公民宗教信仰自由和正常宗教活动，坚持宗教独立自主自办的原则，防范、制止和依法惩治利用宗教名义进行危害国家安全的违法犯罪活动，反对境外势力干涉境内宗教事务，维护正常宗教活动秩序。

国家依法取缔邪教组织，防范、制止和依法惩治邪教违法犯罪活动。

注释

国家依法保护公民宗教信仰自由和正常宗教活动。这是我国长期坚持的基本政策，是我国维护人民利益、尊重和保护人权的重要体现，也是最大限度团结人民群众的需要。

坚持宗教独立自主自办的原则。在宗教领域维护国家安全，要牢牢坚持宗教独立自主自办的原则，坚持宗教团体、宗教活动场所和宗教事务不受外国势力支配。

防范、制止和依法惩治利用宗教名义进行危害国家安全的违法犯罪活动。要防范、制止和依法惩治境内外民族分裂势力利用宗教名义歪曲宗教教义，散布宗教极端思想，蒙蔽和裹胁信教群众，从事民族分裂和暴力恐怖活动等严重危害国家安全的违法犯罪行为。

维护正常宗教活动秩序。要把宗教团体、宗教教职人员、宗教活动场所、宗教活动纳入规范化、法治化管理，依法打击非法宗教组织和非法宗教活动，依法处理涉及宗教事务的纠纷；提高信教群众法治观念，引导他们在法律、政策范围内开展宗教活动，依法维护自身权益，自觉抵制利用宗教进行的各类违法犯罪活动。

典型案例

招远涉邪教故意杀人案①

2014年5月28日，“全能神”邪教组织成员张帆、张立冬、吕迎春、张航、张巧联及张某为宣扬邪教、发展成员，在山东招远一家麦当劳快餐厅内向周围就餐人员索要电话号码，遭被害人吴某某拒绝，张帆、吕迎春遂共同指认吴某某为“恶灵”，并伙同张立冬、张航、张巧联及张某将吴某某杀害。

法院经依法审理，以故意杀人罪、利用邪教组织破坏法律实施罪数罪并罚判处张帆、张立冬死刑，判处吕迎春无期徒刑；以故意杀人罪判处张航有期徒刑10年，判处张巧联有期徒刑7年。

☞ 相关法条

《宪法》第36条

《全国人民代表大会常务委员会关于取缔邪教组织防范和惩治邪教活动的决定》

《宗教事务条例》第3条

① 参见《最高人民法院发布3起典型案例 彰显严惩危害国家安全、暴力恐怖袭击等犯罪的决心》，载最高人民法院网站，http：//www.court.gov.cn/zixun-xiangqing-90472.html，最后访问时间：2021年11月22日。

★ **第二十八条 【防范和处置恐怖主义、极端主义的任务】**国家反对一切形式的恐怖主义和极端主义，加强防范和处置恐怖主义的能力建设，依法开展情报、调查、防范、处置以及资金监管等工作，依法取缔恐怖活动组织和严厉惩治暴力恐怖活动。

注释

反恐怖斗争事关国家安全，事关人民群众切身利益，事关改革发展稳定全局，是一场维护祖国统一、社会安定、人民幸福的斗争，必须采取坚决果断措施，保持严打高压态势，坚决把暴力恐怖分子嚣张气焰打下去。2015年12月27日第十二届全国人民代表大会常务委员会第十八次会议通过《中华人民共和国反恐怖主义法》，对防范和惩治恐怖活动，加强反恐怖主义工作作了全面规定。

典型案例

昆明火车站“3·01”暴恐案①

2014年3月1日，一伙暴徒在昆明火车站持刀砍杀无辜群众，造成31人死亡，141人受伤，其中40人重伤。

---

① 参见《最高人民法院发布3起典型案例 彰显严惩危害国家安全、暴力恐怖袭击等犯罪的决心》，载最高人民法院网站，http：//www.court.gov.cn/zixun-xiangqing-90472.html，最后访问时间：2021年11月22日。

法院经依法审理，以组织、领导恐怖组织罪和故意杀人罪数罪并罚判处依斯坎达尔·艾海提、吐尔洪·托合尼亚孜、玉山·买买提死刑；以参加恐怖组织罪和故意杀人罪数罪并罚判处帕提古丽·托合提无期徒刑。

第二十九条　【维护社会安全的任务】国家健全有效预防和化解社会矛盾的体制机制，健全公共安全体系，积极预防、减少和化解社会矛盾，妥善处置公共卫生、社会安全等影响国家安全和社会稳定的突发事件，促进社会和谐，维护公共安全和社会安定。

注释

社会安全通常是指不特定的、多数人的健康、生命以及财产的安全。维护社会安全就是维护社会安定，为发展改革创造良好的社会环境，为人民群众安居乐业创造稳定和谐的社会秩序。

第一，健全有效预防和化解社会矛盾的体制机制。主要包括：健全重大决策社会稳定风险评估机制；建立畅通有序的诉求表达、心理干预、矛盾调处、权益保障机制，使群众问题能反映、矛盾能化解、权益有保障；改革行政复议体制，健全行政复议案件审理机制，纠正违法或不当行政行为；完善人民调解、行政调解、司法调解联动工作体系，建立调处化解矛盾纠纷综合机制；改革信访工作制度，实行网上受理信访制度，健全及时就地解决群众合理诉求机制。把涉法涉诉信访纳入法治轨道解决，建立涉法涉诉信访依法终结制度。

第二，健全公共安全体系。主要包括：完善统一权威的食品药品安全监管机构，建立严格的覆盖全过程的监管制度，建立食品原产地可追溯制度和质量标识制度，保障食品药品安全；深化安全生产管理体制改革，建立隐患排查治理体系和安全预防控制体系，遏制重特大安全事故；健全防灾减灾救灾体制；加强社会治安综合治理，创新立体化社会治安防控体系，依法严密防范和惩治各类违法犯罪活动；坚持积极利用、科学发展、依法管理、确保安全的方针，加大依法管理网络力度，加快完善互联网管理领导体制，确保国家网络和信息安全。

第三，妥善处置公共卫生、社会安全等影响国家安全和社会稳定的突发事件。我国《突发事件应对法》对预防和处置自然灾害、事故灾难、公共卫生事件和社会安全事件作了规定。

☞ 相关法条

《突发事件应对法》第 3 条、第 21 条、第 22 条、第 49 条、第 50 条

第三十条　【维护生态安全的任务】国家完善生态环境保护制度体系，加大生态建设和环境保护力度，划定生态保护红线，强化生态风险的预警和防控，妥善处置突发环境事件，保障人民赖以生存发展的大气、水、土壤等自然环境和条件不受威胁和破坏，促进人与自然和谐发展。

注释

生态安全是国家安全和社会稳定的重要组成部分，是由水、土、大气、森林、草地、海洋、生物等组成的自然生态系统，是人类赖以生存、发展的物质基础。保护和改善生产环境与生态环境、防治污染和其他公害，是我国的一项基本国策。

典型案例

2020年4月20日，四川省峨边彝族自治县群众杨某向国家安全机关举报称，某国家级自然保护区内有可疑的外国人活动。国家安全机关迅速联合行业主管部门开展核查处置。

经查，外籍人员奥某某与中国籍同伴吴某某受境外机构指使，从2011年起先后数十次赴我国多个自然保护区，非法采集上千种野生植物物种标本和种子样本，向境外售卖数千次，获利数十万元。经有关专家鉴定，奥某某采集的多种植物，属于国家二级重点保护植物。2020 年 4 月 21 日，有关部门在某自然保护区将奥某某和吴某某两人当场抓获。经查，购买者由境外知名大学、植物协会、学术研究机构等组织和大量境外人员组成，其高度关注我境内稀有的野生植物，指使在华境外人员盗采售卖，可能用于研究我国生物物种、生态系统多样性等，给我国非传统国家安全带来了严重威胁。①

第三十一条　【维护核安全的任务】国家坚持和平利用核能和核技术，加强国际合作，防止核扩散，完善防扩散机制，加强对核设施、核材料、核活动和核废料处置的安全管理、监管和保护，加强核事故应急体系和应急能力建设，防止、控制和消除核事故对公民生命健康和生态环境的危害，不断增强有效应对和防范核威胁、核攻击的能力。

① 参见《一起努力 守护国家生态安全》，载新华网，http://www.xinhuanet.com/politics/2021-04/15/c_1127331212.htm，最后访问时间：2021 年 11 月 22 日。

注释

核安全关系经济社会发展全局和人民群众的切身利益，是全民关注的重大问题。核安全通常是指核材料及放射性物质的管理和使用处于没有任何危险的状态。需要采取核安全措施的设施和活动包括核电厂和其他核设施的运行，核材料运输、使用与存储等。

中国历来坚持和平利用核能和核技术，奉行“不主张、不鼓励、不从事核武器扩散，不帮助别国发展核武器”的方针，不断完善防扩散机制，加强在防扩散领域国际合作，积极参加国际防扩散努力，为维护和促进国际和地区的和平与安全作出了重要贡献。目前，我国签署了《不扩散核武器条约》《核材料实物保护公约》等与防扩散相关的国际条约，真诚地履行国际责任和条约公约义务，制定了完整的防扩散政策和《核两用品及相关技术出口管制条例》《核出口管制条例》等，形成较为完备的防扩散出口管制法规体系和管制体系。

第三十二条　【维护新型领域安全的任务】国家坚持和平探索和利用外层空间、国际海底区域和极地，增强安全进出、科学考察、开发利用的能力，加强国际合作，维护我国在外层空间、国际海底区域和极地的活动、资产和其他利益的安全。

注释

外层空间、国际海底区域和极地等新型领域，虽然不属于国家主权管辖范围，但是近年来，这些新型领域对于国家安全的重要性，已经越来越成为世界各国的共识。世界各国普遍认为这些领域属于未来国家利益拓展和维护国家安全的“战略新疆域”。我国目前在这些领域也有着现实和潜在的重大国家利益，也面临着安全威胁和挑战。

第一，坚持和平探索和利用外层空间、国际海底区域和极地。中国一向主张和平探索和利用外层空间、国际海底区域和极地等新型领域，批准和加入了关于上述新型领域的一些国际公约，并恪尽职守地履行公约义务。中国按照相关国际公约规定，在外层空间、国际海底区域和极地开展科学考察、资源勘探、开发利用，有助于了解和利用外层空间、国际海底区域和极地的资源，提高对上述领域的科学认知水平，服务于全人类的共同利益。中国也愿与世界其他国家在相互尊重、平等互利的基础上，在探索外层空间、国际海底区域和极地过程中开展多方面的国际合作，为和平利用外层空间、国际海底区域和极地，造福全人类作出贡献。

第二，维护我国在外层空间、国际海底区域和极地的活动、资产和其他利益的安全。西方发达国家从二十世纪八十年代起就开始逐步加强对新型领域的立法工作，美国、日本、俄罗斯以及有关欧洲国家也都将参与外层空间、国际海底区域、极地活动作为国家安全战略和立法的重要内容。我国在对上述领域进行资源勘探、科学考察和开发利用过程中，也有权依法保障自身相关活动、资产和人员的安全。在《国家安全法》中对外层空间、国际海底区域和极地的国家安全任务作出原则规定，有利于为相关领域工作提供法律支撑。

第三十三条　【维护国家海外利益的任务】 国家依法采取必要措施，保护海外中国公民、组织和机构的安全和正当权益，保护国家的海外利益不受威胁和侵害。

注释

“正当权益”与“合法权益”有联系，通常情况下范围基本一致，但并不完全重叠。中国公民和法人位于别国领土之上，根据属地管辖原则，他们受所在国法律支配。所在国法律规定在很多时候会与中国的法律规定不一致，有的行为在所在国是合法的，但是在我国属于非法行为；有的行为在所在国是非法的，但是在我国是合法行为。更为极端的情况，就是所在国的法律本身就存在威胁我国国家安全或者对中国公民、组织存在歧视。这种情况下，国家是否予以保护，就不能简单地考虑该行为是否符合当地法律规定，而需要考虑“正当性”。

☞ 相关法条

《宪法》第50条

《驻外外交人员法》第5条

第三十四条 【其他维护国家安全的任务】国家根据经济社会发展和国家发展利益的需要，不断完善维护国家安全的任务。

注释

对维护国家安全的任务作出兜底规定，是贯彻总体国家安全观的需要。总体国家安全观充分考虑国家利益的拓展和国家安全形势的变化，提出涉国家安全领域也会不断拓展和变化，国家安全重点领域不仅仅是政治安全、人民安全、国土安全、军事安全等领域，《国家安全法》要根据形势发展，为不断完善维护国家安全的任务留下接口和余地，有必要增加兜底条款。

党的十八大以来，党中央把加强生物安全建设摆上更加突出的位置，纳入国家安全战略，颁布施行《生物安全法》，出台国家生物安全政策和国家生物安全战略，健全国家生物安全工作组织领导体制机制，积极应对生物安全重大风险，加强生物资源保护利用。我国生物安全防范意识和防护能力不断增强，维护生物安全基础不断巩固，生物安全建设取得历史性成就。

典型案例

2020 年 7 月 30 日，海南三亚海警局执法艇在辖区海域进行巡逻时，在一锚泊船附近发现有多只“海龟”在不断挣扎。经初步判断，这些“海龟”是巴西龟，被人购买之后并被放生到海中。

巴西龟以其高繁殖力、高存活率、高掠夺食物的能力，大量掠夺同类生存资源，已被列为世界最危险入侵物种之一。

《野生动物保护法》第 38 条规定，任何组织和个人将野生动物放生至野外环境，应当选择适合放生地野外生存的当地物种，不得干扰当地居民的正常生活、生产，避免对生态系统造成危害。随意放生野生动物，造成他人人身、财产损害或者危害生态系统的，依法承担法律责任。2021 年 4 月 15 日正式实施的《生物安全法》规定，任何单位和个人未经批准，不得擅自引进、释放或者丢弃外来物种。①

☞ 相关法条

《国家安全法》第 3 条

《生物安全法》

① 参见《全民国家安全教育日丨关于国家安全知识你了解多少?》，载新华网，http://www.xinhuanet.com/legal/2021-04/14/c_1127329200.htm，最后访问时间：2021 年 11 月 22 日。

小测试①

1. 国家加强武装力量革命化、现代化、正规化建设，建设与保卫国家安全和发展利益需要相适应的武装力量。(　　)

2. 下列行为中，哪一项属于危害国家安全的行为？(　　)

A. 分裂国家、煽动叛乱、颠覆或者煽动颠覆人民民主专政政权的行为

B. 揭露政府的过错，以非暴力言行要求政策的改变

C. 对国家、政府、官员提出批评

D. 向有关部门举报贪污贿赂犯罪案件线索

3. 国家健全粮食安全保障体系，保护和提高粮食综合生产能力，完善粮食储备制度、流通体系和市场调控机制，健全粮食(　　)，保障粮食供给和质量安全。

A. 安全警示机制　　B. 安全预报制度

C. 安全警报机制　　D. 安全预警制度

4. 国家健全金融宏观审慎管理和金融风险防范、处置机制，加强金融基础设施和基础能力建设，防范和化解____、____金融风险，防范和抵御外部金融风险的冲击。

5. 国家加强____，加快发展自主可控的战略高新技术和重要领域核心关键技术，加强知识产权的运用、保护和科技保密能力建设，保障重大技术和工程的安全。

---

① 【答案】1. √。2. A。3. D。4. 系统性；区域性。5. 自主创新能力建设。

第三章　维护国家安全的职责

第三十五条　【全国人大及其常委会维护国家安全的职责】全国人民代表大会依照宪法规定，决定战争和和平的问题，行使宪法规定的涉及国家安全的其他职权。

全国人民代表大会常务委员会依照宪法规定，决定战争状态的宣布，决定全国总动员或者局部动员，决定全国或者个别省、自治区、直辖市进入紧急状态，行使宪法规定的和全国人民代表大会授予的涉及国家安全的其他职权。

注释

全国人民代表大会常务委员会行使宪法规定的和全国人民代表大会授予的涉及国家安全的其他职权。

一是立法权。《宪法》规定全国人大常委会制定和修改除应当由全国人大制定的法律以外的其他法律，在全国人大闭会期间，对全国人大制定的法律进行部分补充和修改，但是不得同该法律的基本原则相抵触。

二是监督权。监督国务院、国家监察委员会、最高人民法院和最高人民检察院的工作。我国《宪法》第3条第

3款规定："国家行政机关、监察机关、审判机关、检察机关都由人民代表大会产生，对它负责，受它监督。"全国人大常委会依法行使监督权的主要形式，包括听取国务院、国家监察委员会、最高人民法院、最高人民检察院的专项工作报告，听取国民经济和社会发展计划、预算执行情况报告，听取决算报告和审计工作报告，进行询问、质询等。

三是人事任免权。如在全国人民代表大会闭会期间，全国人大常委会根据中央军事委员会主席的提名，决定中央军事委员会其他组成人员的人选。

四是批约权。全国人大常委会决定同外国缔结的条约和重要协定的批准和废除。

☞ **相关法条**

《宪法》第3条、第57条、第58条、第62条、第63条、第67条、第94条

第三十六条　【国家主席维护国家安全的职责】中华人民共和国主席根据全国人民代表大会的决定和全国人民代表大会常务委员会的决定，宣布进入紧急状态，宣布战争状态，发布动员令，行使宪法规定的涉及国家安全的其他职权。

注 释

中华人民共和国主席是重要的国家机构，行使的是《宪法》第 80 条和第 81 条规定的职权。国家主席的职权，有一部分是与全国人大及其常委会共同行使，主要是在法律程序上起到宣告或宣布作用。另一部分是国家主席独立行使的职权，主要是进行国事活动方面的职权。

国家主席行使《宪法》规定的涉及国家安全方面的其他职权。例如，一是根据全国人民代表大会及其常务委员会的决定，公布法律。二是代表中华人民共和国，进行国事活动，接受外国使节。三是根据全国人大常委会的决定，派遣和召回驻外全权代表，批准和废除同外国缔结的条约和重要协定等。

☞ **相关法条**

《宪法》第 80 条、第 81 条

第三十七条　【国务院维护国家安全的职责】 国务院根据宪法和法律，制定涉及国家安全的行政法规，规定有关行政措施，发布有关决定和命令；实施国家安全法律法规和政策；依照法律规定决定省、自治区、直辖市的范围内部分地区进入紧急状态；行使宪法法律规定的和全国人民代表大会及其常务委员会授予的涉及国家安全的其他职权。

注释

国务院，即中央人民政府，是最高国家权力机关的执行机关，是最高国家行政机关。国务院的机构性质和定位决定了其在维护国家安全方面承担着重要职责。

本条规定，国务院还行使宪法法律规定的和全国人大及其常委会授予的涉及国家安全的其他职权。这一规定属于兜底条款。“其他职权”是指本条规定的前三项职权之外的涉及国家安全的职权。

☞ **相关法条**

《宪法》第85条、第89条

《立法法》第8条、第9条、第65条

第三十八条　【中央军委维护国家安全的职责】 中央军事委员会领导全国武装力量，决定军事战略和武装力量的作战方针，统一指挥维护国家安全的军事行动，制定涉及国家安全的军事法规，发布有关决定和命令。

注释

根据《宪法》规定，中央军事委员会是最高国家军事机关，它的职权是领导全国武装力量。根据《国防法》规定，中央军委还行使统一指挥全国武装力量；决定军事战略和武装力量的作战方针等职权。中央军委在维护国家安全工作中具有十分重要的地位。

在维护国家安全的军事行动中，军队是骨干力量，武警部队和民兵依法履行相关职责，都要在中央军委统一指挥下开展行动，保持行动步调一致。当前，我国军队主要承担以下战略任务：应对各种突发事件和军事威胁，有效维护国家领土、领空、领海主权和安全；坚决捍卫祖国统一；维护新型领域安全和利益；维护海外利益安全；保持战略威慑，组织核反击行动；参加地区和国际安全合作，维护地区和世界和平；加强反渗透、反分裂、反恐怖斗争，维护国家政治安全和社会稳定；担负抢险救灾、维护权益、安保警戒和支援国家经济社会建设等任务。

☞ 相关法条

《宪法》第 93 条、第 94 条

《立法法》第 103 条

第三十九条　【中央国家机关各部门维护国家安全的职责】 中央国家机关各部门按照职责分工，贯彻执行国家安全方针政策和法律法规，管理指导本系统、本领域国家安全工作。

注释

维护国家安全是全党全社会共同的职责。中央国家机关各部门根据宪法法律的规定，负责本领域的方针、政策、计划和重大行政措施的研究制定、组织实施和监督管理，肩负着本部门职责范围内贯彻执行国家各项重大方针政策和法律法规，管理指导本系统、本领域工作的重要职责。

中央国家机关各部门要按照职责分工，贯彻执行国家安全方针政策和法律法规开展国家安全工作。中央国家机关各部门不仅要按照职责分工，组织开展本机关、本单位贯彻执行国家安全方针政策和法律法规，而且要依法管理指导本系统、本领域国家安全工作。

☞ **相关法条**

《宪法》第90条

《反间谍法》第3条、第4条

《反恐怖主义法》第8条

第四十条　【地方维护国家安全的职责】地方各级人民代表大会和县级以上地方各级人民代表大会常务委员会在本行政区域内，保证国家安全法律法规的遵守和执行。

地方各级人民政府依照法律法规规定管理本行政

区域内的国家安全工作。

香港特别行政区、澳门特别行政区应当履行维护国家安全的责任。

注释

地方各级人民政府是地方各级人民代表大会的执行机关，是地方各级国家行政机关，对本级人大及其常委会和上一级国家行政机关负责并报告工作；地方各级人民政府都是国务院统一领导下的国家行政机关，都服从国务院。维护国家安全也是地方人民政府的重要职责。

香港、澳门两个特别行政区作为中华人民共和国不可分割的部分，是直辖于中央人民政府享有高度自治权的地方行政区域，都有维护国家安全的责任。

☞ **相关法条**

《地方各级人民代表大会和地方各级人民政府组织法》第66条

第四十一条　【司法机关维护国家安全的职责】 人民法院依照法律规定行使审判权，人民检察院依照法律规定行使检察权，惩治危害国家安全的犯罪。

注释

危害国家安全的犯罪包括以下几类：

第一，刑法分则第一章“危害国家安全罪”中规定的犯罪。我国刑法中的危害国家安全罪，是指故意危害中华人民共和国国家安全的行为。主要罪名有：背叛国家罪（第102条）；分裂国家罪（第103条第1款）；煽动分裂国家罪（第103条第2款）；武装叛乱、暴乱罪（第104条）；颠覆国家政权罪（第105条第1款）；煽动颠覆国家政权罪（第105条第2款）；资助危害国家安全犯罪活动罪（第107条）；投敌叛变罪（第108条）；叛逃罪（第109条）；间谍罪（第110条）；为境外窃取、刺探、收买、非法提供国家秘密、情报罪（第111条）；资敌罪（第112条）。

第二，刑法分则第一章之外规定的涉及国家安全的犯罪。需要指出的是，我国《刑法》规定的“危害国家安全罪”是指狭义的“国家安全”，《国家安全法》规定的“国家安全”是广义的国家安全，包括政治安全、经济安全、金融安全、文化安全、粮食安全、网络安全等方面的安全，因此，刑法中还有一些罪名，也属于危害国家安全的犯罪。有危害国家安全的犯罪行为的，根据罪行的轻重，可以被判处没收财产、剥夺政治权利、驱逐出境、拘役、管制、有期徒刑、无期徒刑、死刑等刑罚。

第四十二条 【专门机关维护国家安全的职责】 国家安全机关、公安机关依法搜集涉及国家安全的情报信息，在国家安全工作中依法行使侦查、拘留、预审和执行逮捕以及法律规定的其他职权。

有关军事机关在国家安全工作中依法行使相关职权。

注释

公安机关是维护国家安全的专门机关，在维护国家安全方面负有重要职责。根据《刑事诉讼法》规定，对刑事案件的侦查、拘留、执行逮捕、预审，由公安机关负责；国家安全机关依照法律规定，办理危害国家安全的刑事案件，行使与公安机关相同的职权。

本条规定“依法行使侦查、拘留、预审和执行逮捕以及法律规定的其他职权”，包含以下两方面内容：

一是“依法行使侦查、拘留、预审和执行逮捕”的职责，是指《刑事诉讼法》规定的侦查、拘留、预审、执行逮捕等职权。

二是“法律规定的其他职权”，是指专门机关根据相关法律规定，在履行维护国家安全职责时，可以依法行使的职权。主要包含以下几类职权：第一类是行政执法方面的职权，包括依法采取行政许可、行政处罚、行政强制等，必要时对有关人员的人身、财产进行临时性的约束或控制，对有关行政违法行为进行必要的处罚、惩戒和教育等；第二类是行政调查方面的职权，包括向有关人员了解情况，调取有关的档案、数据、资料，要求有关企业、组织提供技术支持和协助，开展有关查验工作，责令停止相关危害国家安全信息的传输等；第三类是行政管理方面的职权，根据职权法定原则，包括对有关人员、组织的日常活动进行管理，及时掌握日常情况，维护所管理领域的正常秩序等。

第四十三条　【国家机关及其工作人员履职要求】 国家机关及其工作人员在履行职责时，应当贯彻维护国家安全的原则。

国家机关及其工作人员在国家安全工作和涉及国家安全活动中，应当严格依法履行职责，不得超越职权、滥用职权，不得侵犯个人和组织的合法权益。

注释

第一，贯彻维护国家安全的原则。就是要求国家机关及其工作人员，要在各项工作中贯彻以下要求：一是坚持党对国家安全工作的领导，坚持总体国家安全观为指导，走中国特色国家安全道路。二是坚持法治人权原则，统筹兼顾原则，标本兼治、专群结合原则，共同安全原则。三是采取有效措施贯彻实施国家安全战略。四是认真履行维护国家安全的各项职责，完成维护国家安全的各项任务，加强维护国家安全的制度机制建设，不断增强维护国家安全的能力。

第二，严格依法履行职责。一切国家机关及其工作人员，都必须遵守宪法和法律，都要自觉在宪法和法律范围内开展国家安全工作和活动，严格依照法定权限和程序行使权力、履行职责，既不能超越职权，也不能滥用职权，不得侵犯个人和组织的合法权益。一切违反宪法和法律的行为，必须予以追究。

☞ 相关法条

《宪法》第 5 条

《公务员法》第 14 条、第 59 条

《反间谍法》第 17 条、第 26 条

《行政诉讼法》第 70 条

《国家赔偿法》第 2 条

《刑法》第 397 条

《国家安全法》第 11 条、第 13 条、第 82 条

▶▶小测试◀◀[1]

1. 香港特别行政区、澳门特别行政区无需履行维护国家安全的责任。(　　)

2. 人民法院依照法律规定行使审判权，人民检察院依照法律规定行使检察权，惩治危害国家安全的犯罪。(　　)

3. 国家机关及其工作人员在履行职责时，应当贯彻维护国家安全的原则。(　　)

4. 下列哪一选项不属于中华人民共和国主席维护国家安全的职责？(　　)

 A. 宣布进入紧急状态　　B. 宣布战争状态

 C. 发布动员令　　D. 决定战争状态

5. 下列属于国务院维护国家安全职责的是：(　　)

 A. 根据宪法和法律，制定涉及国家安全的行政法规，规定有关行政措施，发布有关决定和命令

 B. 实施国家安全法律法规和政策

 C. 统一指挥维护国家安全的军事行动

 D. 依照法律规定决定省、自治区、直辖市的范围内部分地区进入紧急状态

6. ____依照宪法规定，决定战争和和平的问题，行使宪法规定的涉及国家安全的其他职权。

① 【答案】1. ×，解析：《国家安全法》第40条第3款。2. √。3. √。4. D。5. ABD。6. 全国人民代表大会。

第四章 国家安全制度

第一节 一般规定

第四十四条 【基本要求和目标】中央国家安全领导机构实行统分结合、协调高效的国家安全制度与工作机制。

第四十五条 【重点领域工作协调机制】国家建立国家安全重点领域工作协调机制，统筹协调中央有关职能部门推进相关工作。

注释

本条规定的重点领域工作协调机制，是中央有关职能部门之间的协调机制。国家安全重点领域工作协调机制，协调的是中央有关职能部门之间的关系。这也从侧面印证了国家安全事务，特别是重点领域国家安全事务的决策权在中央。

☞ **相关法条**

《中国人民银行法》第9条

《科学技术进步法》第12条

第四十六条　【督促检查和责任追究机制】国家建立国家安全工作督促检查和责任追究机制，确保国家安全战略和重大部署贯彻落实。

注释

督促检查工作制度包括五项制度：

一是限期报告制度。上级印发重要文件、召开重要会议、作出重要部署后，下级和有关部门要按规定时限报告贯彻落实情况。

二是调查复核制度。对地方和部门报告的重大决策部署落实情况，要选择社会关注度高、影响面大的事项进行实地调查复核。

三是情况通报制度。对重大决策部署落实情况要适时通报，对抓落实工作成效明显的地方和部门，要总结其经验，交流推广，推动工作；对工作进展缓慢、落实不力的地方和部门，要指出问题，责成报告原因及改进意见。

四是责任追究制度。发现重大决策部署落实中存在失职渎职、违纪违法等情形，要及时将有关情况和线索移送监察机关立案调查，严肃追责。

五是督查调研制度。围绕经济社会发展中的重点问题、难点问题、热点问题，积极开展督查调研。

☞ **相关法条**

《国家安全法》第 6 条

《国务院办公厅关于进一步加强政府督促检查工作的意见》

第四十七条　【国家安全战略贯彻实施机制】 各部门、各地区应当采取有效措施，贯彻实施国家安全战略。

注释

目前，各部门、各地区贯彻实施国家安全战略主要有以下方式：一是制定法律、法规、部门规章以及规范性文件。二是制定本领域、本系统的安全战略，细化目标、分解任务，使之更具针对性和可操作性。三是制定工作计划或工作方案，列出进度表，明确责任人，组织人力、物力、财力予以贯彻落实。

☞ **相关法条**

《国家安全法》第 6 条、第 46 条

《反恐怖主义法》第 4 条第 1 款

第四十八条　【跨部门会商工作机制】 国家根据维护国家安全工作需要，建立跨部门会商工作机制，就维护国家安全工作的重大事项进行会商研判，提出意见和建议。

注释

本条规定的“部门”应当包括中央有关职能部门和地方有关职能部门。国家安全主要是中央事权，对地方而言，守土有责，同样负有维护国家安全的职责。因此跨部门会商机制包括中央有关职能部门之间的会商，也包括地方有关部门之间的会商，但不包括中央有关职能部门和地方有关部门之间的“会商”。严格来讲，中央与地方之间的工作联系不叫会商，它属于本法第49条规定的中央和地方之间协同联动的问题。另外，本法第45条规定了国家安全重点领域工作协调机制，指的是中央有关职能部门之间的统筹协调而不是地方有关职能部门之间的统筹协调。这就是本法第45条、第48条以及第49条规定的三个机制在内涵与外延上的区别。

☞ **相关法条**

《国家安全法》第45条、第49条

第四十九条　【协同联动机制】国家建立中央与地方之间、部门之间、军地之间以及地区之间关于国家安全的协同联动机制。

☞ **相关法条**

《突发事件应对法》第4条

《反恐怖主义法》第8条第3款

第五十条　【决策咨询机制】 国家建立国家安全决策咨询机制，组织专家和有关方面开展对国家安全形势的分析研判，推进国家安全的科学决策。

☞ **相关法条**

《科学技术进步法》第13条

《长城保护条例》第6条

第二节　情报信息

第五十一条　【情报工作制度】 国家健全统一归口、反应灵敏、准确高效、运转顺畅的情报信息收集、研判和使用制度，建立情报信息工作协调机制，实现情报信息的及时收集、准确研判、有效使用和共享。

注释

“统一归口”主要是指情报信息工作要坚持统一领导、归口管理，不断加强情报信息工作的系统性、科学性、全面性、集成性。

“反应灵敏”主要是指情报信息的收集、研判、使用，要紧紧围绕维护国家安全的实际需要，特别是对于时效性要求较高的重大突发事件的情报信息，要根据维护国家安全的需要，作出及时反应，为开展相关处置工作提供情报信息支持和参考。

“准确高效”主要是指情报信息具有很强的客观性、时效性，收集、研判情报信息的过程中，要保证情报信息内容的准确性和流转的效率，确保情报信息及时有效地发挥作用，不得迟报、漏报、瞒报、谎报。

“运转顺畅”主要是指情报信息工作在运转过程中要尊重客观规律，形成并不断完善情报信息顺畅流转的制度机制。

第五十二条　【各部门搜集上报情报信息职责】 国家安全机关、公安机关、有关军事机关根据职责分工，依法搜集涉及国家安全的情报信息。

国家机关各部门在履行职责过程中，对于获取的涉及国家安全的有关信息应当及时上报。

注释

本条第1款将专门机关开展情报工作的职责规定为“根据职责分工，依法搜集涉及国家安全的情报信息”。其中，“根据职责分工”是指国家安全机关、公安机关和有关军事机关要按照有关法律法规和文件确定的职责分工，在本部门职责范围内，开展情报工作。“依法搜集”是指搜集情报信息的活动要严格依照法律规定的范围和权限开展，不得滥用职权、玩忽职守、徇私舞弊。

本条第2款规定的各部门上报履职中获得的涉及国家安全信息的职责，并不是要求各部门都同本条第1款规定的专门机关一样，开展搜集情报信息的专门工作，而是与本法第43条规定相衔接，要求各国家机关及其工作人员在履行职责时，应当强化国家安全意识，贯彻维护国家安全的原则，依法履行职责，及时关注、掌握本领域涉及国家安全的情况，并按照有关规定将相关信息及时上报，以便国家根据维护国家安全的需要，及时掌握有关情况，制定有关政策，采取有关措施，切实维护各领域国家安全和利益。

☞ **相关法条**

《国家安全法》第43条

第五十三条　【情报信息工作运用现代科技手段和加强研判分析】开展情报信息工作，应当充分运用现代科学技术手段，加强对情报信息的鉴别、筛选、综合和研判分析。

☞ **相关法条**

《反恐怖主义法》第45条、第47条、第77条

第五十四条　【情报信息的报送要求】情报信息

的报送应当及时、准确、客观，不得迟报、漏报、瞒报和谎报。

☞ **相关法条**

《突发事件应对法》第 7 条、第 37 条、第 39 条

《防震减灾法》第 89 条

《特种设备安全法》第 70 条

第三节　风险预防、评估和预警

第五十五条　【风险预防】国家制定完善应对各领域国家安全风险预案。

注 释

国家安全风险预案体系，与公共安全、环境保护、卫生防疫、食品安全、资源安全领域业已建立的预防制度和预案体系并不是简单的对应或者替换关系。制定完善应对国家安全风险预案，必须以总体国家安全观为指导，统筹维护各领域国家安全。

☞ **相关法条**

《反恐怖主义法》第 55 条

《环境保护法》第 5 条、第 39 条

《防震减灾法》第 3 条、第 8 条、第 13 条、第 14 条、第 4 章、第 47 条

第五十六条　【风险评估】 国家建立国家安全风险评估机制，定期开展各领域国家安全风险调查评估。

有关部门应当定期向中央国家安全领导机构提交国家安全风险评估报告。

☞ **相关法条**

《突发事件应对法》第5条、第20条

第五十七条　【风险预警】 国家健全国家安全风险监测预警制度，根据国家安全风险程度，及时发布相应风险预警。

注释

所谓预警，是指在各领域国家安全风险发生蔓延并造成现实危害之前，根据以往总结的规律或监测得到的可能性前兆，向有关部门和社会发出紧急信号、报告危险情况，以便及时采取有效响应措施应对安全风险，避免国家重大利益因应对准备不足而造成损失。本条规定未就预警级别作统一规定，主要是考虑到国家安全风险分布于不同领域，相关应对措施具有较强专业性，难以划定统一的预警标准，需要各级各部门根据各自职责分工和风险紧急程度、危害性等，制定预警标准，及时发布风险预警。

☞ **相关法条**

《环境保护法》第 39 条

《突发事件应对法》第 2 章、第 3 章

《传染病防治法》第 17 条、第 19 条

《防震减灾法》第 3 章、第 4 章

《突发公共卫生事件应急条例》

《地震监测管理条例》

《重大动物疫情应急条例》

《核电厂核事故应急管理条例》

第五十八条　【报告危害国家安全的事件】对可能即将发生或者已经发生的危害国家安全的事件，县级以上地方人民政府及其有关主管部门应当立即按照规定向上一级人民政府及其有关主管部门报告，必要时可以越级上报。

注释

对于已经发生的情况紧急的危害国家安全的事件，组织处置工作的人民政府及其有关部门可以边处置边迅速上报。必要时，即事态特别紧急严重时，可以越级上报。报告的主要内容包括：一是事件的性质、起因、危害程度和发展态势；二是已经采取的先期处置措施；三是拟采取的处置方案；四是请求上级批准的重大事项等。

第四节 审查监管

★ **第五十九条 【国家安全审查的范围】**国家建立国家安全审查和监管的制度和机制，对影响或者可能影响国家安全的外商投资、特定物项和关键技术、网络信息技术产品和服务、涉及国家安全事项的建设项目，以及其他重大事项和活动，进行国家安全审查，有效预防和化解国家安全风险。

注释

本条是关于建立国家安全审查和监管的制度和机制以及国家安全审查范围的规定。

“其他重大事项和活动”作为兜底条款，用以补充本法未列明而确有必要进行国家安全审查的重大事项和活动，为随着经济社会发展和维护国家安全利益的需要，建立新的审查制度提供法律支撑。现实生活中，全球资源的稀缺性资源和产品出口、重要领域核心关键技术的自主知识产权转让、文化和意识形态领域活动等事项和活动，都会影响到我国的经济安全、资源安全、科技安全和文化安全，在这些领域也要根据需要适时建立国家安全审查制度。

☞ **相关法条**

《对外贸易法》第16条、第17条、第26条、第27条

《反垄断法》第31条

第六十条　【中央国家机关各部门国家安全审查职责】中央国家机关各部门依照法律、行政法规行使国家安全审查职责，依法作出国家安全审查决定或者提出安全审查意见并监督执行。

注释

中央国家机关各部门依照法律、行政法规行使国家安全审查职责，包含两层含义：一是中央国家机关各部门依法直接对涉及国家安全的事项作出审查决定；二是中央国家机关各部门通过明确有关审查标准和程序要求，领导或指导本系统的基层部门，依法对涉及国家安全的事项作出审查决定。

☞ **相关法条**

《对外贸易法》

《国务院办公厅关于建立外国投资者并购境内企业安全审查制度的通知》

《自由贸易试验区外商投资国家安全审查试行办法》

《商务部实施外国投资者并购境内企业安全审查制度的规定》

第六十一条　【省、自治区、直辖市国家安全审查职责】省、自治区、直辖市依法负责本行政区域内有关国家安全审查和监管工作。

第五节　危机管控

★ **第六十二条　【国家安全危机管控制度】**国家建立统一领导、协同联动、有序高效的国家安全危机管控制度。

注释

根据我国《宪法》及其他法律，国家安全危机主要有以下三种类型：

一是战争，一般认为包括对外战争和内战两种情形。其中，对外战争一般是指遇到国家遭受武装侵犯或者必须履行国际间共同防止侵略的条约的情况，而决定采取武装行动的情形。内战一般是指遇有造成分裂国家的事实，或者即将发生国家分裂的重大事变，或者导致国家和平统一的可能性完全丧失的情况，而决定采取武装行动的情形。

二是国防动员，根据《宪法》和《国防动员法》，国家的主权、统一、领土完整和安全遭受威胁时，全国人大常委会依照《宪法》和有关法律的规定，决定全国总动员或者局部动员。国家主席根据全国人大常委会的决定，发布动员令。

三是紧急状态，指发生或者即将发生特别重大突发事件，需要国家机关行使紧急权力控制、消除其社会危害和威胁时，有关国家机关按照《宪法》和法律规定的权限决定并宣布局部地区或者全国实行的一种临时性严重危机状态。紧急状态在性质上是一种非常法律状态。

☞ **相关法条**

《突发事件应对法》第4条、第69条

第六十三条　【管控措施决策与实施】发生危及国家安全的重大事件，中央有关部门和有关地方根据中央国家安全领导机构的统一部署，依法启动应急预案，采取管控处置措施。

注释

根据我国《宪法》和法律规定，有关部门和有关地方按照中央统一部署，可以采取多种管控处置措施。

一是对重大事件的发生地进行现场控制，或者对相关区域进行管制。这种控制、管制可以减小危害的扩散范围，为重大事件的处理提供条件。如《突发事件应对法》第49条规定，突发事件发生后，可以迅速控制危险源，标明危险区域，封锁危险场所，划定警戒区，实行交通管制以及其他控制措施。

二是对相关人员人身或其活动进行控制。这种管控措施是在特殊时期或特殊区域内，对公民基本权利的限制。如《戒严法》第4条规定，戒严期间，为保证戒严的实施和维护社会治安秩序，国家可以依照本法在戒严地区内，对宪法、法律规定的公民权利和自由的行使作出特别规定。

三是实行紧急状态或者进入战争状态。在这些情形下，有关部门和有关地方可以采取特别措施来限制社会成员的行动，或者强制公民提供一定劳务或者财物。如《宪法》第67条规定，在全国人民代表大会闭会期间，如果遇到国家遭受武装侵犯或者必须履行国际间共同防止侵略的条约的情况，全国人大常委会可以决定战争状态的宣布。《戒严法》第2条规定，在发生严重危及国家的统一、安全或者社会公共安全的动乱、暴乱或者严重骚乱，不采取非常措施不足以维护社会秩序、保护人民的生命和财产安全的紧急状态时，国家可以决定实行戒严。

☞ 相关法条

《宪法》第67条、第90条

《国务院组织法》第10条

《突发事件应对法》第49条、第50条

《戒严法》第2条、第4条、第13条、第14条

★★ 第六十四条 【决定进入紧急状态、战争状态或者进行全国总动员、局部动员】 发生危及国家安全的特别重大事件，需要进入紧急状态、战争状态或者进行全国总动员、局部动员的，由全国人民代表大会、全国人民代表大会常务委员会或者国务院依照宪法和有关法律规定的权限和程序决定。

注释

紧急状态，是指发生或者即将发生特别重大突发事件，需要国家机关行使紧急权力予以控制、消除其社会危害和威胁时，有关国家机关按照法律规定的权限决定并宣布局部地区或者全国实行的一种临时性的严重危急状态。紧急状态分为两种：一种是全国或者个别省、自治区、直辖市范围的紧急状态；另一种是个别省、自治区、直辖市部分地区内的紧急状态。宣布进入紧急状态涉及三个主体，即全国人大常委会、国家主席和国务院。对于全国或者个别省、自治区、直辖市的紧急状态，由全国人大常委会决定，国家主席根据全国人大常委会的决定宣布进入紧急状态。对于省、自治区、直辖市的范围内部分地区的紧急状态，由国务院决定并宣布。

战争与和平问题是政治的最高形式。其一是决定是否与某一国或某一国家集团宣战，包括两种情况：一是遇到国家遭受武装侵犯的情况；二是必须履行国际间共同防止侵略的条约的情况。其二是决定是否与交战国达成协议，双方停战，结束战争。

战争状态是指在国家遭受武装侵犯或者必须履行国际间共同防止侵略的条约的情况下，将国家由平时状态转为战时状态，即国家的军事、政治、经济、科技、教育和外交等进入战时状态，实施战时管理体制，采取一系列措施和手段，集中人力、物力和财力为战争服务。根据我国《宪法》规定，全国人大常委会决定战争状态的宣布，国家主席根据全国人大常委会的决定，宣布战争状态。

“决定战争状态的宣布”与“决定战争和和平的问题”有所不同。战争和和平问题，对国家的生存与发展生死攸关，往往是战争将不可避免或者正在进行之中，对是否决定进行战争或者停止战争所做的一种选择和决定，由全国人民代表大会决定；但现实生活中，战争虽然会有一定的预兆，但战争的爆发往往有一定的突然性，及时应战、快速应战是维护国家安全的首要选择，不可能等待进入大会会期由全国人大决定，因此《宪法》规定，在全国人大闭会期间，由全国人大常委会“决定战争状态的宣布”。

全国总动员、局部动员，是在国家的主权、统一、领土完整和安全遭受威胁时，一般是指面临或者已经遭受外敌侵略或者发生严重内乱时，国家所采取的一种紧急措施。全国总动员是动员的最高等级，通常是发生大规模全面战争或国家遭受特别重大的灾害，国家需要全力应对时决定并实施。全国总动员实施时，国家的军事、政治、经济、科技、文化和社会生活等将全面转入动员轨道。局部动员，通常是在国家安全受到中、低强度威胁或国家安全危机发生或影响局部地区时，有选择、有限度地在部分地区、部分领域实施的动员。

☞ 相关法条

《宪法》第 62 条、第 67 条、第 80 条、第 89 条

《戒严法》第 3 条

★ **第六十五条　【特别措施】** 国家决定进入紧急状态、战争状态或者实施国防动员后，履行国家安全危机管控职责的有关机关依照法律规定或者全国人民代表大会常务委员会规定，有权采取限制公民和组织权利、增加公民和组织义务的特别措施。

★★ **第六十六条　【管控措施合理性原则】** 履行国家安全危机管控职责的有关机关依法采取处置国家安全

危机的管控措施，应当与国家安全危机可能造成的危害的性质、程度和范围相适应；有多种措施可供选择的，应当选择有利于最大程度保护公民、组织权益的措施。

注释

《国家安全法》是我国国家安全领域的基本法律，它所规范的国家行为既包括行政机关的行为，也包括立法机关、司法机关和军事机关的行为。《国家安全法》关于“危机管控”的规定，赋予了履行国家安全危机管控职责的有关机关依法采取处置国家安全危机的管控措施的权力，解决了危机管控机关行使权力的合法性问题。但由于危机管控措施具有临时性、应急性和强制性，不可避免会对公民和组织的合法权益造成一定程度的损害。因此，有必要强调，在行使权力时要符合合理原则，以此作为合法原则的必要补充。

第六十七条　【信息报告和发布机制】国家健全国家安全危机的信息报告和发布机制。

国家安全危机事件发生后，履行国家安全危机管控职责的有关机关，应当按照规定准确、及时报告，并依法将有关国家安全危机事件发生、发展、管控处置及善后情况统一向社会发布。

注 释

对国家安全危机的信息进行报告，贯穿于监测、预警、危机管控和恢复重建的全过程，是危机管控的决策、指挥机关正确评估、判断、组织处置国家安全危机的重要信息来源。国家安全危机信息发布，是组织、引导、动员社会力量有序进行预防、避险、自救、互救，参与恢复重建，避免谣言恐慌，接受公众监督的重要方式。

目前，国家已经在相关安全领域建立了国家安全危机的信息报告和发布机制，如《突发事件应对法》《防震减灾法》等法律，对公民、组织、政府有关部门、国家安全危机事件发生地的地方人民政府的信息报告，以及有关国家机关归口发布国家安全危机信息的机制作了规定。还要根据实践发展，不断总结经验，进一步健全国家安全危机的信息报告和发布机制。

☞ **相关法条**

《突发事件应对法》第 7 条第 2 款、第 53 条

《固体废物污染环境防治法》第 86 条

第六十八条　【及时解除管控处置措施】国家安全威胁和危害得到控制或者消除后，应当及时解除管控处置措施，做好善后工作。

注释

采取国家安全危机管控处置措施，是应对国家安全危机迫不得已采取的临时措施，不管是一般措施还是特别措施，都会对正常的社会秩序、生产生活秩序造成影响。

及时解除管控处置措施。一是及时解除管控处置措施的前提是国家安全威胁和危害得到控制或者是消除以后，没有必要再继续实施管控处置措施。二是解除的管控处置措施，既包括依法采取的一般措施，也包括依法采取的特别措施。三是解除管控处置措施要由有权作出决定的机关，依照法定权限和程序进行，并向社会公布。

做好善后工作。危及国家安全的重大事件或者特别重大事件具有很强的破坏性，往往对正常的社会秩序、人民生活造成极大的干扰和破坏。当国家安全威胁和危害得到控制或者消除后，应当采取措施恢复与重建正常的生产、生活、工作和社会秩序。

☞ 相关法条

《国家安全法》第 65 条

《突发事件应对法》第 58 条、第 59 条

《防汛条例》第 36 条、第 38 条

▶▶小测试◀◀①

1. 国家根据维护国家安全工作需要，建立跨部门会商工作机制。(　　)

2. 国家健全(　　)的情报信息收集、研判和使用制度。

A. 统一归口

B. 反应灵敏

C. 准确高效

D. 运转顺畅

3. 根据《国家安全法》的规定，(　　)依法搜集涉及国家安全的情报信息。

A. 国家安全机关和军队保卫部门

B. 国家安全机关、公安机关和有关军事机关

C. 公安机关和军队保卫部门

D. 公安机关、监察机关和检察机关

4. 国家建立国家安全风险评估机制，定期开展各领域国家安全风险调查评估。有关部门应当定期向(　　)提交国家安全风险评估报告。

A. 国务院

B. 国家安全机关

C. 中央国家安全领导机构

① 【答案】1. √。2. ABCD。3. B。4. C。5. 协同联动机制。6. 限制；增加。7. 有利于最大程度保护公民、组织权益。

D. 公安部

5. 国家建立中央与地方之间、部门之间、军地之间以及地区之间关于国家安全的____。

6. 国家决定进入紧急状态、战争状态或者实施国防动员后，履行国家安全危机管控职责的有关机关依照法律规定或者全国人民代表大会常务委员会规定，有权采取____公民和组织权利、____公民和组织义务的特别措施。

7. 履行国家安全危机管控职责的有关机关依法采取处置国家安全危机的管控措施，应当与国家安全危机可能造成的危害的性质、程度和范围相适应；有多种措施可供选择的，应当选择____的措施。

第五章 国家安全保障

第六十九条 【总体保障】国家健全国家安全保障体系，增强维护国家安全的能力。

注释

国家安全事关一国生存发展，世界各国都高度重视，一般都能确保其得到充分保障。长期以来，我国通过立法对国家安全保障措施作出了一些规定，已经基本形成国家安全保障体系。国家安全形势发展变化很快，要保障国家持续安全，必须不断增强维护国家安全的能力，国家安全保障措施是重要支撑。

《国家安全法》所健全的国家安全保障体系，主要包括法制保障、经费保障、物资保障、情报工作保障、科技保障、专门人才保障、专门工作手段保障以及宣传教育保障等。

★ **第七十条 【法制保障】**国家健全国家安全法律制度体系，推动国家安全法治建设。

注释

我国国家安全立法主要包括以下三类：

1. 宪法。《宪法》第 28 条规定，国家维护社会秩序，镇压叛国和其他危害国家安全的犯罪活动。具体到保障国家安全的规定，既有政治安全的，也有经济安全、军事安全的，还包括公民组织的具体义务等。

2. 专门立法。包括《反间谍法》，主要规定国家安全机关反间谍侦查工作；《反恐怖主义法》，主要规定防范和惩治恐怖活动，加强反恐怖主义工作；《保守国家秘密法》及其实施条例，规范保密工作；维护国家统一和领土完整的立法，如《反分裂国家法》《领海及毗连区法》《专属经济区和大陆架法》；维护国家政治秩序和社会秩序的立法，如《集会游行示威法》及其实施条例、《戒严法》；维护国防和军事安全的立法，如《国防法》《军事设施保护法》。

3. 相关法律中涉及维护国家安全的部分条款和内容。包括大量涉及政治、经济、社会、文化、生态等领域安全的法律规定。如《刑法》设单章规定危害国家安全罪和危害国防利益罪，《刑事诉讼法》规定了办理危害国家安全犯罪的特别诉讼程序，还有诸多相关法律等均将维护国家安全作为立法目的。

第七十一条　【经费和装备保障】国家加大对国家安全各项建设的投入，保障国家安全工作所需经费和装备。

注释

经费和装备是保障国家安全工作的物质基础，在各项保障措施中处于重要的基础性地位。

从投入的安全领域看，既有传统安全领域，也有非传统安全领域；从维护国家安全的具体工作看，既涉及情报信息的收集、分析和使用，也涉及风险的监测、预警和安全形势评估，还涉及国家安全审查和监管、危机管控等；从具体投向方面看，既包括国家安全基础设施，也包括工作所需物资、设备、器械、科技研发、人才培养、制度建设等。做好这些工作都必须要有经费作为基本保障，否则，很多工作就难以开展。

国家安全工作所需经费来自中央和地方财政。中央和地方各级人民政府都要加大对国家安全工作的投入，确保维护国家安全各项工作所需必要经费。

☞ 相关法条

《反恐怖主义法》第 32 条

《人民武装警察法》第 33 条

《突发事件应对法》第 31 条

《防震减灾法》第4条

《安全生产法》第47条

《传染病防治法》第61条

《动物防疫法》第83条

第七十二条　【物资保障】 承担国家安全战略物资储备任务的单位，应当按照国家有关规定和标准对国家安全物资进行收储、保管和维护，定期调整更换，保证储备物资的使用效能和安全。

注 释

承担国家安全战略物资储备任务的单位，是指根据相关法律法规规定，具备国家规定的资格条件，并经国务院有关主管部门审核批准，实际负责承担战略物资储备任务的企业事业单位。在我国，既有国有企业、事业单位，也有其他各类所有制单位。

国有企业事业单位，如承担专户储存中央储备粮任务的中国储备粮管理总公司及其有关直属企业。

其他所有制单位，如实际承担中央储备粮代储任务的有关代储企业，承担列入民转军计划并负责军工有关专用生产设备、专用元器件和专用材料等储备任务的相关民营配套企业，以及实际承担军队药品代储任务的地方相关企业等。

承担国家安全战略物资储备任务的单位的职责：

一是国家战略物资储备行政主管部门应在广泛征求有关部门意见的基础上做好储备工作的总体规划和设计，要对战略储备物资的种类、规格、数量、储备地点、收储单位职责等作出总体安排。二是按照国家有关规定和标准对储备物资进行保管和维护。三是按照国家有关规定和标准定期调整更换储备物资。四是按照国家有关规定和标准保证储备物资的使用效能和安全。

☞ **相关法条**

《突发事件应对法》第 32 条

《中央储备粮管理条例》

《国家物资储备管理规定》

第七十三条　【科技保障】鼓励国家安全领域科技创新，发挥科技在维护国家安全中的作用。

☞ **相关法条**

《国防法》第 5 章

《反间谍法》第 16 条

《突发事件应对法》第 36 条

《节约能源法》第 57 条、第 58 条

《农业法》第 7 章

《环境保护法》第 7 条

《民用核安全设备监督管理条例》第 6 条

第七十四条　【人才保障】 国家采取必要措施，招录、培养和管理国家安全工作专门人才和特殊人才。

根据维护国家安全工作的需要，国家依法保护有关机关专门从事国家安全工作人员的身份和合法权益，加大人身保护和安置保障力度。

☞ **相关法条**

《突发事件应对法》第 36 条

第七十五条　【专门工作手段保障】 国家安全机关、公安机关、有关军事机关开展国家安全专门工作，可以依法采取必要手段和方式，有关部门和地方应当在职责范围内提供支持和配合。

注释

国家安全机关、公安机关、有关军事机关是开展国家安全工作的专门机关，是人民民主专政机关，其行使职权的方式和手段有别于一般的国家机关。法律赋予上述机关行使侦查、拘留、预审和执行逮捕以及法律规定的其他职权，如使用技术侦查手段等，其他国家机关不能行使。

必要的手段和方式，既包括一般执法活动等一般手段，也包括依法经过严格审批使用特殊工作手段和方式，比如采取技术侦查措施、使用武器等。在实践中，对于具体采用哪些手段和方式开展国家安全专门工作，要根据维护国家安全的实际情况决定，并坚持依法履职、职权法定、权责一致、严格审批，确保依法行使职权。

☞ **相关法条**

《刑事诉讼法》第 2 编第 2 章第 8 节

《人民警察法》第 2 章

《出境入境管理法》第 6 章

《反间谍法》第 2 章

《反恐怖主义法》第 61 条、第 62 条

《集会游行示威法》第 27 条

《军事设施保护法》第 51 条

第七十六条　【宣传教育保障】国家加强国家安全新闻宣传和舆论引导，通过多种形式开展国家安全宣传教育活动，将国家安全教育纳入国民教育体系和公务员教育培训体系，增强全民国家安全意识。

☞ **相关法条**

《国家安全法》第 14 条、第 43 条

▶▶小测试◀◀①

1. 国家采取必要措施，招录、培养和管理国家安全工作专门人才和特殊人才。（　　）

2. 国家加强国家安全新闻宣传和舆论引导，通过多种形式开展国家安全宣传教育活动，将国家安全教育纳入国民教育体系和公务员教育培训体系，增强全民国家安全意识。（　　）

3. 根据维护国家安全工作的需要，国家依法保护（　　）的身份和合法权益，加大人身保护和安置保障力度。

A. 有关机关的国家工作人员

B. 国家机关工作人员

C. 国家安全机关、公安机关以及有关军事机关工作人员

D. 有关机关专门从事国家安全工作人员

4. 机关、人民团体、企业事业组织和其他社会组织应当对本单位的人员进行____的教育，动员、组织本单位的人员防范、制止危害国家安全的行为。

A. 职业道德　　B. 防控技术

C. 政治思想　　D. 维护国家安全

5. 国家加强国家安全新闻宣传和舆论引导，通过多种形式开展国家安全宣传教育活动，将国家安全教育纳入____和____，增强全民国家安全意识。

---

①【答案】1. √。2. √。3. D。4. D。5. 国民教育体系；公务员教育培训体系。

第六章　公民、组织的义务和权利

☆ 第七十七条　【公民和组织维护国家安全的一般义务】 公民和组织应当履行下列维护国家安全的义务：

（一）遵守宪法、法律法规关于国家安全的有关规定；

（二）及时报告危害国家安全活动的线索；

（三）如实提供所知悉的涉及危害国家安全活动的证据；

（四）为国家安全工作提供便利条件或者其他协助；

（五）向国家安全机关、公安机关和有关军事机关提供必要的支持和协助；

（六）保守所知悉的国家秘密；

（七）法律、行政法规规定的其他义务。

任何个人和组织不得有危害国家安全的行为，不得向危害国家安全的个人或者组织提供任何资助或者协助。

注释

本条第1款详细规定了公民和组织在维护国家安全方面应当履行的、必须要主动做出一定行为的7项积极义务，第2款规定了个人和组织在维护国家安全方面必须遵循的2项禁止性义务。

禁止性义务的法律特征是公民和组织“不得”做某个行为。一是不得有危害国家安全的行为；二是不得向危害国家安全的个人或者组织提供任何资助或者协助。为确保公民和组织严格遵守上述“不得”做某个行为的两项禁止性义务，《国家安全法》第13条第2款明确将公民和组织在维护国家安全方面的“义务”与“责任”紧密结合在一起，通过设定法律责任来保障公民和组织自觉地履行本条所规定的各项义务。

☞ 相关法条

《宪法》第54条、第55条

《国家安全法》第11条、第13条

《反间谍法》第21条、第22条

《保守国家秘密法》第3条

《反恐怖主义法》第18条

典型案例

2020年4月16日，赣州市会昌县村民张某发现其儿子张某某在广东汕头务工期间，可能从事过危害国家安全的违法活动。4月21日，张某劝说并陪同其子来到了赣州市国家安全局投案自首。张某某主动交代：2019年其在汕头务工期间，通过微信结识了某境外间谍情报机关人员，对方以兼职为诱饵指使他从事了危害国家安全的活动。

自2019年9月以来，张某某每天到驻汕头某部队港区进行观察记录，拍摄港区舰艇舷号的动、静态情况，通过微信发给对方。其间，张某某共接收对方提供的间谍经费近3万元。经有关部门鉴定，其提供给对方的多份资料涉及国家秘密。

鉴于张某某存在自首情节，且积极配合国家安全机关办案，依据《反间谍法》可从轻、减轻或者免除处罚。①

第七十八条　【机关、人民团体、企业事业组织和其他社会组织的特殊义务】 机关、人民团体、企业事业组织和其他社会组织应当对本单位的人员进行维护国家安全的教育，动员、组织本单位的人员防范、

① 参见《国家安全机关公布4起危害国家安全典型案例》，载人民网，http://hi.people.com.cn/n2/2021/0415/c231187-34676429.html，最后访问时间：2021年11月22日。

制止危害国家安全的行为。

典型案例

1992年，刚刚毕业的张某某进入国家某部委从事外语翻译工作。1996年，张某某受组织委派赴某国常驻，驻外期间结识了自称是该国外交部的A某等人。然而，他们的真实身份却是该国间谍情报机关人员。外方人员以高额报酬为诱惑，通过套取和索要等方式，要求张某某提供情报。在明知对方企图的情况下，张某某仍无视法纪，答应为对方充当间谍，数年间向对方提供了数十份涉及我国内政外交的涉密文件资料，其中绝密级、机密级文件达14份。

2008年，张某某从单位辞职前还陆续从办公电脑和内部办公网络中搜集大量文件资料，非法携带至国外。经查，张某某的个人电脑及其他存储介质中存有5200份文件资料，其中标注绝密级的59份，机密级848份，秘密级541份。

2019年2月，张某某因间谍罪、非法获取国家秘密罪，被广西壮族自治区百色市中级人民法院一审判处死刑，缓期二年执行。①

① 参见《全民国家安全教育日丨关于国家安全知识你了解多少?》，载新华网，http://www.xinhuanet.com/legal/2021-04/14/c_1127329200.htm，最后访问时间：2021年11月22日。

☞ **相关法条**

《反间谍法》第19条

第七十九条　【企业事业组织配合有关部门的义务】 企业事业组织根据国家安全工作的要求，应当配合有关部门采取相关安全措施。

注释

本条是关于企业事业组织配合有关部门采取相关安全措施义务的规定。

为落实这一规定，《反恐怖主义法》第三章专章规定了安全防范，其中，第19条第1款规定，电信业务经营者、互联网服务提供者应当依照法律、行政法规规定，落实网络安全、信息内容监管制度和安全技术防范措施，防止含有恐怖主义、极端主义内容的信息传播；发现含有恐怖主义、极端主义内容信息的，应当立即停止传输，保存相关记录，删除相关信息，并向公安机关或者有关部门报告。第20条第1款规定，铁路、公路、水上、航空的货运和邮政、快递等物流运营单位应当实行安全查验制度，对客户身份进行查验，依照规定对运输、寄递物品进行安全检查或者开封验视。对禁止运输、寄递，存在重大安全隐患，或者客户拒绝安全查验的物品，不得运输、寄递。第21条规定，电信、互联网、金融、住宿、长途客运、机动车租赁等业务经营者、服务提供者，应当对客户身份进行查验。对身份不明或者拒绝身份查验的，不得提供服务。

☞ **相关法条**

《反恐怖主义法》第3章

第八十条　【公民和组织支持配合国家安全工作受法律保护】公民和组织支持、协助国家安全工作的行为受法律保护。

因支持、协助国家安全工作，本人或者其近亲属的人身安全面临危险的，可以向公安机关、国家安全机关请求予以保护。公安机关、国家安全机关应当会同有关部门依法采取保护措施。

注释

本条是关于公民和组织支持、协助国家安全工作受法律保护的规定。

本条第2款规定了公民向公安机关、国家安全机关请求予以保护和公安机关、国家安全机关会同有关部门采取保护措施的要求。

第一，公民因支持、协助国家安全工作，本人或者其近亲属的人身安全面临危险的，可以向公安机关、国家安全机关请求予以保护。本条第2款中的“人身安全面临危险”，主要是指公民或者其近亲属因支持、协助国家安全工作，面临被胁迫、被威胁，或者面临打击报复，或者在境外人身自由和基本权利受到威胁等现实的危险。关于近亲属的范围，按照《刑事诉讼法》第108条规定，是指夫、妻、父、母、子、女、同胞兄弟姊妹。

第二，公安机关、国家安全机关应当会同有关部门依法采取保护措施。具体的保护措施，一般包括：一是在国家安全工作中，不公开有关公民的真实姓名、住址和工作单位等个人信息，对这些个人信息采取适当的保密措施，包括在有关工作记录、法律文书中使用化名以替代有关公民真实的个人信息等。使用化名替代的，要对载有有关公民真实身份信息的材料标明密级，严格保密，妥善管理。二是有关公民需要作为证人出庭作证的，要采取不暴露其外貌、真实声音的相关技术措施，使有关公民的外貌、声音等不暴露给被告人和旁听人员等。三是根据具体情况，确有必要时，对有关公民采取一定的人身安全保护措施，禁止可能对其实施打击报复的特定人员在一定期间、一定范围内接触有关公民。四是视情况对有关公民的人身和住宅采取专门性保护措施，保护人身和住宅的安全。五是在极特殊的情况下，根据国家安全工作需要，可以为有关公民更换住宅、姓名等。六是根据公民面临人身安全危险的实际程度、具体情况和有关客观条件，采取其他必要的保护措施。

☞ **相关法条**

《人民警察法》第 34 条

《反间谍法》第 20 条

《人民武装警察法》第 39 条

《反恐怖主义法》第 9 条、第 76 条

《刑事诉讼法》第 108 条

第八十一条　【获得赔偿和抚恤优待的权利】公民和组织因支持、协助国家安全工作导致财产损失的，按照国家有关规定给予补偿；造成人身伤害或者死亡的，按照国家有关规定给予抚恤优待。

注 释

本条是关于补偿和抚恤优待的规定。

一、公民和组织因支持、协助国家安全工作导致财产损失的，按照国家有关规定给予补偿

本条是从公民权利的角度出发，进一步明确规定了公民和组织因支持、协助国家安全工作导致财产损失的，有按照国家有关规定获得补偿的权利。涉及国家许多领域的其他法律，也都作了相关具体规定。

二、公民和组织因支持、协助国家安全工作造成人身伤害或者死亡的，按照国家有关规定给予抚恤优待

对于从事国家安全相关工作的国家机关工作人员和军

人的抚恤优待，我国法律作了明确规定。例如，《人民警察法》第41条规定，人民警察因公致残的，与因公致残的现役军人享受国家同样的抚恤和优待。人民警察因公牺牲或者病故的，其家属与因公牺牲或者病故的现役军人家属享受国家同样的抚恤和优待。

上述法律规定主要都是针对某一个特定的国家安全领域的情形。本条进一步明确，只要是公民和组织因支持、协助国家安全工作造成人身伤害或者死亡的，都应当按照国家有关规定给予抚恤优待。

☞ 相关法条

《宪法》第13条

《反间谍法》第11条

《反恐怖主义法》第78条

《人民警察法》第34条、第41条

《人民武装警察法》第8条、第38条、第39条

《公务员法》第83条

《突发事件应对法》第61条

《传染病防治法》第45条

《消防法》第50条

第八十二条　【提出批评建议以及申诉、控告和检举的权利】公民和组织对国家安全工作有向国家机

关提出批评建议的权利，对国家机关及其工作人员在国家安全工作中的违法失职行为有提出申诉、控告和检举的权利。

☞ **相关法条**

《宪法》第 41 条

《反间谍法》第 26 条

《反恐怖主义法》第 94 条

《刑法》第 254 条

第八十三条　【特别措施的合法性和合理性要求】 在国家安全工作中，需要采取限制公民权利和自由的特别措施时，应当依法进行，并以维护国家安全的实际需要为限度。

注释

权力法定和依法行政是一项基本的宪法原则，也是对公权力行使的最基本要求。一般而言，合法性原则要求，采取限制公民权利和自由的特别措施的权限、范围、条件和程序，都应当依法进行。

一是按照法定的权限、范围实施特别措施。不是所有从事国家安全工作的国家机关都有权实施限制公民权利和自由的特别措施，通常涉及规定这一类措施的单行法律，都会对采取措施的主体进行明确规定。即使是有权采取措施的机关，在实施措施时也不得超越本部门的职权范围，也不能实施应当由其他机关实施的措施。

二是按照法定的条件实施特别措施。本法第65条规定的条件是“国家决定进入紧急状态、战争状态或者实施国防动员后”，相关国家机关才可以采取特别措施。

三是按照法定的程序实施特别措施。《行政强制法》等法律对于采取行政强制措施的一般程序作了规定，有关单行法律法规还对具体的特别措施的实施程序作了明确规定。

☞ 相关法条

《戒严法》第2条、第3条、第13条

《突发事件应对法》第49条、第50条、第58条

《民用运力国防动员条例》第35条

《人民警察使用警械和武器条例》第7条、第8条

《海关工作人员使用武器和警械的规定》第6条

▶▶小测试◀◀①

1. 任何个人和组织不得有危害国家安全的行为，不得向危害国家安全的个人或者组织提供任何资助或者协助。(　　)

① 【答案】1. √。2. ×，解析：《国家安全法》第80条第2款。3. D。4. 防范；制止。5. 补偿；抚恤优待。

2. 因支持、协助国家安全工作，本人或者其近亲属的人身安全面临危险的，可以向民政部门请求予以保护。（　　）

3. 下列哪一项不属于公民和组织应当履行下列维护国家安全的义务？（　　）

A. 遵守宪法、法律法规关于国家安全的有关规定

B. 保守所知悉的国家秘密

C. 及时报告危害国家安全活动的线索

D. 公民和组织因支持、协助国家安全工作导致财产损失的，按照国家有关规定给予补偿

4. 机关、人民团体、企业事业组织和其他社会组织应当对本单位的人员进行维护国家安全的教育，动员、组织本单位的人员____、____危害国家安全的行为。

5. 公民和组织因支持、协助国家安全工作导致财产损失的，按照国家有关规定给予____；造成人身伤害或者死亡的，按照国家有关规定给予____。

第七章　附　　则

第八十四条　【实施日期】本法自公布之日起施行。

☞ **相关法条**

《立法法》第57条

中华人民共和国反恐怖主义法

（2015 年 12 月 27 日第十二届全国人民代表大会常务委员会第十八次会议通过　根据 2018 年 4 月 27 日第十三届全国人民代表大会常务委员会第二次会议《关于修改〈中华人民共和国国境卫生检疫法〉等六部法律的决定》修正）

第一章　总　　则

第一条　为了防范和惩治恐怖活动，加强反恐怖主义工作，维护国家安全、公共安全和人民生命财产安全，根据宪法，制定本法。

★ **第二条**　国家反对一切形式的恐怖主义，依法取缔恐怖活动组织，对任何组织、策划、准备实施、实施恐怖活动，宣扬恐怖主义，煽动实施恐怖活动，组织、领导、参加恐怖活动组织，为恐怖活动提供帮助的，依法追究法律责任。

国家不向任何恐怖活动组织和人员作出妥协，不向任何恐怖活动人员提供庇护或者给予难民地位。

★★ **第三条** 本法所称恐怖主义，是指通过暴力、破坏、恐吓等手段，制造社会恐慌、危害公共安全、侵犯人身财产，或者胁迫国家机关、国际组织，以实现其政治、意识形态等目的的主张和行为。

本法所称恐怖活动，是指恐怖主义性质的下列行为：

（一）组织、策划、准备实施、实施造成或者意图造成人员伤亡、重大财产损失、公共设施损坏、社会秩序混乱等严重社会危害的活动的；

（二）宣扬恐怖主义，煽动实施恐怖活动，或者非法持有宣扬恐怖主义的物品，强制他人在公共场所穿戴宣扬恐怖主义的服饰、标志的；

（三）组织、领导、参加恐怖活动组织的；

（四）为恐怖活动组织、恐怖活动人员、实施恐怖活动或者恐怖活动培训提供信息、资金、物资、劳务、技术、场所等支持、协助、便利的；

（五）其他恐怖活动。

本法所称恐怖活动组织，是指三人以上为实施恐怖活动而组成的犯罪组织。

本法所称恐怖活动人员，是指实施恐怖活动的人和恐怖活动组织的成员。

本法所称恐怖事件，是指正在发生或者已经发生的造成或者可能造成重大社会危害的恐怖活动。

第四条 国家将反恐怖主义纳入国家安全战略，综合施策，标本兼治，加强反恐怖主义的能力建设，运用政治、经济、法律、文化、教育、外交、军事等手段，开展反恐怖主义工作。

国家反对一切形式的以歪曲宗教教义或者其他方法煽动仇恨、煽动歧视、鼓吹暴力等极端主义，消除恐怖主义的思想基础。

第五条 反恐怖主义工作坚持专门工作与群众路线相结合，防范为主、惩防结合和先发制敌、保持主动的原则。

★ **第六条** 反恐怖主义工作应当依法进行，尊重和保障人权，维护公民和组织的合法权益。

在反恐怖主义工作中，应当尊重公民的宗教信仰自由和民族风俗习惯，禁止任何基于地域、民族、宗教等理由的歧视性做法。

第七条 国家设立反恐怖主义工作领导机构，统一领导和指挥全国反恐怖主义工作。

设区的市级以上地方人民政府设立反恐怖主义工作领导机构，县级人民政府根据需要设立反恐怖主义工作领导机构，在上级反恐怖主义工作领导机构的领导和指挥下，负责本地区反恐怖主义工作。

第八条 公安机关、国家安全机关和人民检察院、人民法院、司法行政机关以及其他有关国家机关，应当根据分工，实行工作责任制，依法做好反恐怖主义工作。

中国人民解放军、中国人民武装警察部队和民兵组织依照本法和其他有关法律、行政法规、军事法规以及国务院、中央军事委员会的命令，并根据反恐怖主义工作领导机构的部署，防范和处置恐怖活动。

有关部门应当建立联动配合机制，依靠、动员村民委员会、居民委员会、企业事业单位、社会组织，共同开展反恐怖主义工作。

★★ **第九条** 任何单位和个人都有协助、配合有关部门开展反恐怖主义工作的义务，发现恐怖活动嫌疑或者恐怖活动嫌疑人员的，应当及时向公安机关或者有关部门报告。

★ **第十条** 对举报恐怖活动或者协助防范、制止恐怖活动有突出贡献的单位和个人，以及在反恐怖主义工作中作出其他突出贡献的单位和个人，按照国家有关规定给予表彰、奖励。

第十一条 对在中华人民共和国领域外对中华人民共和国国家、公民或者机构实施的恐怖活动犯罪，或者实施的中华人民共和国缔结、参加的国际条约所规定的恐怖活动犯罪，中华人民共和国行使刑事管辖权，依法追究刑事责任。

第二章 恐怖活动组织和人员的认定

第十二条 国家反恐怖主义工作领导机构根据本法第三条的规定，认定恐怖活动组织和人员，由国家反恐怖主义工作领导机构的办事机构予以公告。

第十三条 国务院公安部门、国家安全部门、外交部门和省级反恐怖主义工作领导机构对于需要认定恐怖活动组织和人员的，应当向国家反恐怖主义工作领导机构提出申请。

第十四条 金融机构和特定非金融机构对国家反恐怖主义工作领导机构的办事机构公告的恐怖活动组织和人员的资金或者其他资产，应当立即予以冻结，并按照规定及时向国务院公安部门、国家安全部门和反洗钱行政主管部门报告。

第十五条 被认定的恐怖活动组织和人员对认定不服的，可以通过国家反恐怖主义工作领导机构的办事机构申请复核。国家反恐怖主义工作领导机构应当及时进行复核，作出维持或者撤销认定的决定。复核决定为最终决定。

国家反恐怖主义工作领导机构作出撤销认定的决定的，由国家反恐怖主义工作领导机构的办事机构予以公告；资金、资产已被冻结的，应当解除冻结。

★ **第十六条** 根据刑事诉讼法的规定，有管辖权的中级以上人民法院在审判刑事案件的过程中，可以依法认定恐怖活动组织和人员。对于在判决生效后需要由国家反恐怖主义工作领导机构的办事机构予以公告的，适用本章的有关规定。

第三章 安全防范

★★ **第十七条** 各级人民政府和有关部门应当组织开展反恐怖主义宣传教育，提高公民的反恐怖主义意识。

教育、人力资源行政主管部门和学校、有关职业培训机构应当将恐怖活动预防、应急知识纳入教育、教学、培训的内容。

新闻、广播、电视、文化、宗教、互联网等有关单位，应当有针对性地面向社会进行反恐怖主义宣传教育。

村民委员会、居民委员会应当协助人民政府以及有关部门，加强反恐怖主义宣传教育。

★ **第十八条** 电信业务经营者、互联网服务提供者应当为公安机关、国家安全机关依法进行防范、调查恐怖活动提供技术接口和解密等技术支持和协助。

第十九条 电信业务经营者、互联网服务提供者应当依照法律、行政法规规定，落实网络安全、信息内容监督制度和安全技术防范措施，防止含有恐怖主义、极端主义内容的信息传播；发现含有恐怖主义、极端主义内容的信息的，应当立即停止传输，保存相关记录，删除相关信息，并向公安机关或者有关部门报告。

网信、电信、公安、国家安全等主管部门对含有恐怖主义、极端主义内容的信息，应当按照职责分工，及时责令有关单位停止传输、删除相关信息，或者关闭相关网站、关停相关服务。有关单位应当立即执行，并保存相关记录，协助进行调查。对互联网上跨境传输的含有恐怖主义、极端主义内容的信息，电信主管部门应当采取技术措施，阻断传播。

第二十条 铁路、公路、水上、航空的货运和邮政、快递等物流运营单位应当实行安全查验制度，对客户身份进行查验，依照规定对运输、寄递物品进行安全检查或者开封验视。对禁止运输、寄递，存在重大安全隐患，或者客户拒绝安全查验的物品，不得运输、寄递。

前款规定的物流运营单位，应当实行运输、寄递客户身份、物品信息登记制度。

第二十一条 电信、互联网、金融、住宿、长途客运、机动车租赁等业务经营者、服务提供者，应当对客户身份进行查验。对身份不明或者拒绝身份查验的，不得提供服务。

第二十二条 生产和进口单位应当依照规定对枪支等武器、弹药、管制器具、危险化学品、民用爆炸物品、核与放射物品作出电子追踪标识，对民用爆炸物品添加安检示踪标识物。

运输单位应当依照规定对运营中的危险化学品、民用爆炸物品、核与放射物品的运输工具通过定位系统实行监控。

有关单位应当依照规定对传染病病原体等物质实行严格的监督管理，严密防范传染病病原体等物质扩散或者流入非法渠道。

对管制器具、危险化学品、民用爆炸物品，国务院有关主管部门或者省级人民政府根据需要，在特定区域、特定时间，可以决定对生产、进出口、运输、销售、使用、报废实施管制，可以禁止使用现金、实物进行交易或者对交易活动作出其他限制。

★ **第二十三条** 发生枪支等武器、弹药、危险化学品、民用爆炸物品、核与放射物品、传染病病原体等物质被盗、被抢、丢失或者其他流失的情形，案发单位应当立即采取必要的控制措施，并立即向公安机关报告，同时依照规定向有关主管部门报告。公安机关接到报告后，应当及时开展调查。有关主管部门应当配合公安机关开展工作。

任何单位和个人不得非法制作、生产、储存、运输、进出口、销售、提供、购买、使用、持有、报废、销毁前款规定的物品。公安机关发现的，应当予以扣押；其他主管部门发现的，应当予以扣押，并立即通报公安机关；其他单位、个人发现的，应当立即向公安机关报告。

第二十四条 国务院反洗钱行政主管部门、国务院有关部门、机构依法对金融机构和特定非金融机构履行反恐怖主义融资义务的情况进行监督管理。

国务院反洗钱行政主管部门发现涉嫌恐怖主义融资的，可以依法进行调查，采取临时冻结措施。

第二十五条 审计、财政、税务等部门在依照法律、行政法规的规定对有关单位实施监督检查的过程中，发现资金流入流出涉嫌恐怖主义融资的，应当及时通报公安机关。

第二十六条 海关在对进出境人员携带现金和无记名有价证券实施监管的过程中，发现涉嫌恐怖主义融资的，应当立即通报国务院反洗钱行政主管部门和有管辖权的公安机关。

第二十七条 地方各级人民政府制定、组织实施城乡规划，应当符合反恐怖主义工作的需要。

地方各级人民政府应当根据需要，组织、督促有关建设单位在主要道路、交通枢纽、城市公共区域的重点部位，配备、安装公共安全视频图像信息系统等防范恐怖袭击的技防、物防设备、设施。

★ **第二十八条** 公安机关和有关部门对宣扬极端主

义，利用极端主义危害公共安全、扰乱公共秩序、侵犯人身财产、妨害社会管理的，应当及时予以制止，依法追究法律责任。

公安机关发现极端主义活动的，应当责令立即停止，将有关人员强行带离现场并登记身份信息，对有关物品、资料予以收缴，对非法活动场所予以查封。

★ 任何单位和个人发现宣扬极端主义的物品、资料、信息的，应当立即向公安机关报告。

第二十九条 对被教唆、胁迫、引诱参与恐怖活动、极端主义活动，或者参与恐怖活动、极端主义活动情节轻微，尚不构成犯罪的人员，公安机关应当组织有关部门、村民委员会、居民委员会、所在单位、就读学校、家庭和监护人对其进行帮教。

监狱、看守所、社区矫正机构应当加强对服刑的恐怖活动罪犯和极端主义罪犯的管理、教育、矫正等工作。监狱、看守所对恐怖活动罪犯和极端主义罪犯，根据教育改造和维护监管秩序的需要，可以与普通刑事罪犯混合关押，也可以个别关押。

★★ **第三十条** 对恐怖活动罪犯和极端主义罪犯被判处徒刑以上刑罚的，监狱、看守所应当在刑满释放前根据其犯罪性质、情节和社会危害程度，服刑期间的表现，释放后对所居住社区的影响等进行社会危险性评估。进行社会危险性评估，应当听取有关基层组织和原办案机关的意见。经评估具有社会危险性的，监狱、看守所应当向罪犯服刑地的中级人民法院提出安置教育建议，并将建议书副本抄送同级人民检察院。

罪犯服刑地的中级人民法院对于确有社会危险性的，应当在罪犯刑满释放前作出责令其在刑满释放后接受安置教育的决定。决定书副本应当抄送同级人民检察院。被决定安置教育的人员对决定不服的，可以向上一级人民法院申请复议。

安置教育由省级人民政府组织实施。安置教育机构应当每年对被安置教育人员进行评估，对于确有悔改表现，不致再危害社会的，应当及时提出解除安置教育的意见，报决定安置教育的中级人民法院作出决定。被安置教育人员有权申请解除安置教育。

人民检察院对安置教育的决定和执行实行监督。

第三十一条 公安机关应当会同有关部门，将遭受恐怖袭击的可能性较大以及遭受恐怖袭击可能造成重大的人身伤亡、财产损失或者社会影响的单位、场所、活动、设施等确定为防范恐怖袭击的重点目标，报本级反恐怖主义工作领导机构备案。

第三十二条 重点目标的管理单位应当履行下列职责：

（一）制定防范和应对处置恐怖活动的预案、措施，定期进行培训和演练；

（二）建立反恐怖主义工作专项经费保障制度，配备、更新防范和处置设备、设施；

（三）指定相关机构或者落实责任人员，明确岗位职责；

（四）实行风险评估，实时监测安全威胁，完善内部安全管理；

（五）定期向公安机关和有关部门报告防范措施落实情况。

重点目标的管理单位应当根据城乡规划、相关标准和实际需要，对重点目标同步设计、同步建设、同步运行符合本法第二十七条规定的技防、物防设备、设施。

重点目标的管理单位应当建立公共安全视频图像信息系统值班监看、信息保存使用、运行维护等管理制度，保障相关系统正常运行。采集的视频图像信息保存期限不得少于九十日。

对重点目标以外的涉及公共安全的其他单位、场所、活动、设施，其主管部门和管理单位应当依照法律、行政法规规定，建立健全安全管理制度，落实安全责任。

第三十三条 重点目标的管理单位应当对重要岗位人员进行安全背景审查。对有不适合情形的人员，应当调整工作岗位，并将有关情况通报公安机关。

第三十四条 大型活动承办单位以及重点目标的管理单位应当依照规定，对进入大型活动场所、机场、火车站、码头、城市轨道交通站、公路长途客运站、口岸等重点目标的人员、物品和交通工具进行安全检查。发现违禁品和管制物品，应当予以扣留并立即向公安机关报告；发现涉嫌违法犯罪人员，应当立即向公安机关报告。

第三十五条 对航空器、列车、船舶、城市轨道车辆、公共电汽车等公共交通运输工具，营运单位应当依照规定配备安保人员和相应设备、设施，加强安全检查和保卫工作。

第三十六条 公安机关和有关部门应当掌握重点目标的基础信息和重要动态，指导、监督重点目标的管理单位履行防范恐怖袭击的各项职责。

公安机关、中国人民武装警察部队应当依照有关规定对重点目标进行警戒、巡逻、检查。

第三十七条 飞行管制、民用航空、公安等主管部门应当按照职责分工，加强空域、航空器和飞行活动管理，严密防范针对航空器或者利用飞行活动实施的恐怖活动。

第三十八条 各级人民政府和军事机关应当在重点国（边）境地段和口岸设置拦阻隔离网、视频图像采集和防越境报警设施。

公安机关和中国人民解放军应当严密组织国（边）境巡逻，依照规定对抵离国（边）境前沿、进出国（边）境管理区和国（边）境通道、口岸的人员、交通运输工具、物品，以及沿海沿边地区的船舶进行查验。

★ **第三十九条** 出入境证件签发机关、出入境边防检查机关对恐怖活动人员和恐怖活动嫌疑人员，有权决定不准其出境入境、不予签发出境入境证件或者宣布其出境入境证件作废。

第四十条 海关、出入境边防检查机关发现恐怖活动嫌疑人员或者涉嫌恐怖活动物品的，应当依法扣留，并立即移送公安机关或者国家安全机关。

第四十一条 国务院外交、公安、国家安全、发展改革、工业和信息化、商务、旅游等主管部门应当建立境外投资合作、旅游等安全风险评估制度，对中国在境外的公民以及驻外机构、设施、财产加强安全保护，防范和应对恐怖袭击。

第四十二条 驻外机构应当建立健全安全防范制度和应对处置预案，加强对有关人员、设施、财产的安全保护。

第四章 情报信息

★ **第四十三条** 国家反恐怖主义工作领导机构建立国家反恐怖主义情报中心，实行跨部门、跨地区情报信息工作机制，统筹反恐怖主义情报信息工作。

有关部门应当加强反恐怖主义情报信息搜集工作，对搜集的有关线索、人员、行动类情报信息，应当依照规定及时统一归口报送国家反恐怖主义情报中心。

地方反恐怖主义工作领导机构应当建立跨部门情报信息工作机制，组织开展反恐怖主义情报信息工作，对重要的情报信息，应当及时向上级反恐怖主义工作领导机构报告，对涉及其他地方的紧急情报信息，应当及时通报相关地方。

第四十四条 公安机关、国家安全机关和有关部门应当依靠群众，加强基层基础工作，建立基层情报信息工作力量，提高反恐怖主义情报信息工作能力。

★ **第四十五条** 公安机关、国家安全机关、军事机关在其职责范围内，因反恐怖主义情报信息工作的需要，根据国家有关规定，经过严格的批准手续，可以采取技术侦察措施。

依照前款规定获取的材料，只能用于反恐怖主义应对处置和对恐怖活动犯罪、极端主义犯罪的侦查、起诉和审判，不得用于其他用途。

第四十六条 有关部门对于在本法第三章规定的安全防范工作中获取的信息，应当根据国家反恐怖主义情报中心的要求，及时提供。

第四十七条 国家反恐怖主义情报中心、地方反恐怖主义工作领导机构以及公安机关等有关部门应当对有关情报信息进行筛查、研判、核查、监控，认为有发生恐怖事件危险，需要采取相应的安全防范、应对处置措施的，应当及时通报有关部门和单位，并可以根据情况发出预警。有关部门和单位应当根据通报做好安全防范、应对处置工作。

第四十八条 反恐怖主义工作领导机构、有关部门和单位、个人应当对履行反恐怖主义工作职责、义务过程中知悉的国家秘密、商业秘密和个人隐私予以保密。

违反规定泄露国家秘密、商业秘密和个人隐私的，依法追究法律责任。

第五章 调 查

第四十九条 公安机关接到恐怖活动嫌疑的报告或者发现恐怖活动嫌疑，需要调查核实的，应当迅速进行调查。

★ **第五十条** 公安机关调查恐怖活动嫌疑，可以依照有关法律规定对嫌疑人员进行盘问、检查、传唤，可以提取或者采集肖像、指纹、虹膜图像等人体生物识别信息和血液、尿液、脱落细胞等生物样本，并留存其签名。

公安机关调查恐怖活动嫌疑，可以通知了解有关情况的人员到公安机关或者其他地点接受询问。

第五十一条 公安机关调查恐怖活动嫌疑，有权向有关单位和个人收集、调取相关信息和材料。有关单位和个人应当如实提供。

★ **第五十二条** 公安机关调查恐怖活动嫌疑，经县级以上公安机关负责人批准，可以查询嫌疑人员的存款、汇款、债券、股票、基金份额等财产，可以采取查封、扣押、冻结措施。查封、扣押、冻结的期限不得超过二个月，情况复杂的，可以经上一级公安机关负责人批准延长一个月。

★★ **第五十三条** 公安机关调查恐怖活动嫌疑，经县级以上公安机关负责人批准，可以根据其危险程度，责令恐怖活动嫌疑人员遵守下列一项或者多项约束措施：

（一）未经公安机关批准不得离开所居住的市、县或者指定的处所；

（二）不得参加大型群众性活动或者从事特定的活动；

（三）未经公安机关批准不得乘坐公共交通工具或者进入特定的场所；

（四）不得与特定的人员会见或者通信；

（五）定期向公安机关报告活动情况；

（六）将护照等出入境证件、身份证件、驾驶证件交公安机关保存。

公安机关可以采取电子监控、不定期检查等方式对其遵守约束措施的情况进行监督。

采取前两款规定的约束措施的期限不得超过三个月。对不需要继续采取约束措施的，应当及时解除。

第五十四条 公安机关经调查，发现犯罪事实或者犯罪嫌疑人的，应当依照刑事诉讼法的规定立案侦查。本章规定的有关期限届满，公安机关未立案侦查的，应当解除有关措施。

第六章 应对处置

★★ **第五十五条** 国家建立健全恐怖事件应对处置预案体系。

国家反恐怖主义工作领导机构应当针对恐怖事件的规律、特点和可能造成的社会危害，分级、分类制定国家应对处置预案，具体规定恐怖事件应对处置的组织指挥体系和恐怖事件安全防范、应对处置程序以及事后社会秩序恢复等内容。

有关部门、地方反恐怖主义工作领导机构应当制定相应的应对处置预案。

第五十六条 应对处置恐怖事件，各级反恐怖主义工作领导机构应当成立由有关部门参加的指挥机构，实行指挥长负责制。反恐怖主义工作领导机构负责人可以担任指挥长，也可以确定公安机关负责人或者反恐怖主义工作领导机构的其他成员单位负责人担任指挥长。

跨省、自治区、直辖市发生的恐怖事件或者特别重大恐怖事件的应对处置，由国家反恐怖主义工作领导机构负责指挥；在省、自治区、直辖市范围内发生的涉及多个行政区域的恐怖事件或者重大恐怖事件的应对处置，由省级反恐怖主义工作领导机构负责指挥。

第五十七条 恐怖事件发生后，发生地反恐怖主义工作领导机构应当立即启动恐怖事件应对处置预案，确定指挥长。有关部门和中国人民解放军、中国人民武装警察部队、民兵组织，按照反恐怖主义工作领导机构和指挥长的统一领导、指挥，协同开展打击、控制、救援、救护等现场应对处置工作。

上级反恐怖主义工作领导机构可以对应对处置工作进行指导，必要时调动有关反恐怖主义力量进行支援。

需要进入紧急状态的，由全国人民代表大会常务委员会或者国务院依照宪法和其他有关法律规定的权限和程序决定。

★ **第五十八条** 发现恐怖事件或者疑似恐怖事件后，公安机关应当立即进行处置，并向反恐怖主义工作领导机构报告；中国人民解放军、中国人民武装警察部队发现正在实施恐怖活动的，应当立即予以控制并将案件及时移交公安机关。

反恐怖主义工作领导机构尚未确定指挥长的，由在场处置的公安机关职级最高的人员担任现场指挥员。公安机关未能到达现场的，由在场处置的中国人民解放军或者中国人民武装警察部队职级最高的人员担任现场指挥员。现场应对处置人员无论是否属于同一单位、系统，均应当服从现场指挥员的指挥。

指挥长确定后，现场指挥员应当向其请示、报告工作或者有关情况。

第五十九条 中华人民共和国在境外的机构、人员、重要设施遭受或者可能遭受恐怖袭击的，国务院外交、公安、国家安全、商务、金融、国有资产监督管理、旅游、交通运输等主管部门应当及时启动应对处置预案。国务院外交部门应当协调有关国家采取相应措施。

中华人民共和国在境外的机构、人员、重要设施遭受严重恐怖袭击后，经与有关国家协商同意，国家反恐怖主义工作领导机构可以组织外交、公安、国家安全等部门派出工作人员赴境外开展应对处置工作。

第六十条 应对处置恐怖事件，应当优先保护直接受到恐怖活动危害、威胁人员的人身安全。

★★ **第六十一条** 恐怖事件发生后，负责应对处置的反恐怖主义工作领导机构可以决定由有关部门和单位采取下列一项或者多项应对处置措施：

（一）组织营救和救治受害人员，疏散、撤离并妥善安置受到威胁的人员以及采取其他救助措施；

（二）封锁现场和周边道路，查验现场人员的身份证件，在有关场所附近设置临时警戒线；

（三）在特定区域内实施空域、海（水）域管制，对特定区域内的交通运输工具进行检查；

（四）在特定区域内实施互联网、无线电、通讯管制；

（五）在特定区域内或者针对特定人员实施出境入境管制；

（六）禁止或者限制使用有关设备、设施，关闭或者限制使用有关场所，中止人员密集的活动或者可能导致危害扩大的生产经营活动；

（七）抢修被损坏的交通、电信、互联网、广播电视、供水、排水、供电、供气、供热等公共设施；

（八）组织志愿人员参加反恐怖主义救援工作，要求具有特定专长的人员提供服务；

（九）其他必要的应对处置措施。

采取前款第三项至第五项规定的应对处置措施，由省级以上反恐怖主义工作领导机构决定或者批准；采取前款第六项规定的应对处置措施，由设区的市级以上反恐怖主义工作领导机构决定。应对处置措施应当明确适用的时间和空间范围，并向社会公布。

第六十二条 人民警察、人民武装警察以及其他依法配备、携带武器的应对处置人员，对在现场持枪支、刀具等凶器或者使用其他危险方法，正在或者准备实施暴力行为的人员，经警告无效的，可以使用武器；紧急情况下或者警告后可能导致更为严重危害后果的，可以直接使用武器。

第六十三条 恐怖事件发生、发展和应对处置信息，由恐怖事件发生地的省级反恐怖主义工作领导机构统一发布；跨省、自治区、直辖市发生的恐怖事件，由指定的省级反恐怖主义工作领导机构统一发布。

★★ 任何单位和个人不得编造、传播虚假恐怖事件信息；不得报道、传播可能引起模仿的恐怖活动的实施细节；不得发布恐怖事件中残忍、不人道的场景；在恐怖事件的应对处置过程中，除新闻媒体经负责发布信息的反恐怖主义工作领导机构批准外，不得报道、传播现场应对处置的工作人员、人质身份信息和应对处置行动情况。

第六十四条 恐怖事件应对处置结束后，各级人民政府应当组织有关部门帮助受影响的单位和个人尽快恢复生活、生产，稳定受影响地区的社会秩序和公众情绪。

第六十五条 当地人民政府应当及时给予恐怖事件受害人员及其近亲属适当的救助，并向失去基本生活条件的受害人员及其近亲属及时提供基本生活保障。卫生、医疗保障等主管部门应当为恐怖事件受害人员及其近亲属提供心理、医疗等方面的援助。

第六十六条 公安机关应当及时对恐怖事件立案侦查，查明事件发生的原因、经过和结果，依法追究恐怖活动组织、人员的刑事责任。

第六十七条 反恐怖主义工作领导机构应当对恐

怖事件的发生和应对处置工作进行全面分析、总结评估，提出防范和应对处置改进措施，向上一级反恐怖主义工作领导机构报告。

第七章 国际合作

第六十八条 中华人民共和国根据缔结或者参加的国际条约，或者按照平等互惠原则，与其他国家、地区、国际组织开展反恐怖主义合作。

第六十九条 国务院有关部门根据国务院授权，代表中国政府与外国政府和有关国际组织开展反恐怖主义政策对话、情报信息交流、执法合作和国际资金监管合作。

在不违背我国法律的前提下，边境地区的县级以上地方人民政府及其主管部门，经国务院或者中央有关部门批准，可以与相邻国家或者地区开展反恐怖主义情报信息交流、执法合作和国际资金监管合作。

第七十条 涉及恐怖活动犯罪的刑事司法协助、引渡和被判刑人移管，依照有关法律规定执行。

第七十一条 经与有关国家达成协议，并报国务院批准，国务院公安部门、国家安全部门可以派员出境执行反恐怖主义任务。

中国人民解放军、中国人民武装警察部队派员出境执行反恐怖主义任务，由中央军事委员会批准。

第七十二条 通过反恐怖主义国际合作取得的材料可以在行政处罚、刑事诉讼中作为证据使用，但我方承诺不作为证据使用的除外。

第八章　保障措施

第七十三条 国务院和县级以上地方各级人民政府应当按照事权划分，将反恐怖主义工作经费分别列入同级财政预算。

国家对反恐怖主义重点地区给予必要的经费支持，对应对处置大规模恐怖事件给予经费保障。

第七十四条 公安机关、国家安全机关和有关部门，以及中国人民解放军、中国人民武装警察部队，应当依照法律规定的职责，建立反恐怖主义专业力量，加强专业训练，配备必要的反恐怖主义专业设备、设施。

县级、乡级人民政府根据需要，指导有关单位、村民委员会、居民委员会建立反恐怖主义工作力量、志愿者队伍，协助、配合有关部门开展反恐怖主义工作。

第七十五条 对因履行反恐怖主义工作职责或者协助、配合有关部门开展反恐怖主义工作导致伤残或者死亡的人员，按照国家有关规定给予相应的待遇。

★★ **第七十六条** 因报告和制止恐怖活动，在恐怖活动犯罪案件中作证，或者从事反恐怖主义工作，本人或者其近亲属的人身安全面临危险的，经本人或者其近亲属提出申请，公安机关、有关部门应当采取下列一项或者多项保护措施：

（一）不公开真实姓名、住址和工作单位等个人信息；

（二）禁止特定的人接触被保护人员；

（三）对人身和住宅采取专门性保护措施；

（四）变更被保护人员的姓名，重新安排住所和工作单位；

（五）其他必要的保护措施。

公安机关、有关部门应当依照前款规定，采取不公开被保护单位的真实名称、地址，禁止特定的人接近被保护单位，对被保护单位办公、经营场所采取专门性保护措施，以及其他必要的保护措施。

第七十七条 国家鼓励、支持反恐怖主义科学研究和技术创新，开发和推广使用先进的反恐怖主义技术、设备。

★ **第七十八条** 公安机关、国家安全机关、中国人民解放军、中国人民武装警察部队因履行反恐怖主义职责的紧急需要，根据国家有关规定，可以征用单位和个人的财产。任务完成后应当及时归还或者恢复原状，并依照规定支付相应费用；造成损失的，应当补偿。

因开展反恐怖主义工作对有关单位和个人的合法权益造成损害的，应当依法给予赔偿、补偿。有关单位和个人有权依法请求赔偿、补偿。

第九章 法律责任

第七十九条 组织、策划、准备实施、实施恐怖活动，宣扬恐怖主义，煽动实施恐怖活动，非法持有宣扬恐怖主义的物品，强制他人在公共场所穿戴宣扬恐怖主义的服饰、标志，组织、领导、参加恐怖活动组织，为恐怖活动组织、恐怖活动人员、实施恐怖活动或者恐怖活动培训提供帮助的，依法追究刑事责任。

★★ **第八十条** 参与下列活动之一，情节轻微，尚不构成犯罪的，由公安机关处十日以上十五日以下拘留，可以并处一万元以下罚款：

（一）宣扬恐怖主义、极端主义或者煽动实施恐怖活动、极端主义活动的；

（二）制作、传播、非法持有宣扬恐怖主义、极端主义的物品的；

（三）强制他人在公共场所穿戴宣扬恐怖主义、极端主义的服饰、标志的；

（四）为宣扬恐怖主义、极端主义或者实施恐怖主义、极端主义活动提供信息、资金、物资、劳务、技术、场所等支持、协助、便利的。

★★ **第八十一条** 利用极端主义，实施下列行为之一，情节轻微，尚不构成犯罪的，由公安机关处五日以上十五日以下拘留，可以并处一万元以下罚款：

（一）强迫他人参加宗教活动，或者强迫他人向宗教活动场所、宗教教职人员提供财物或者劳务的；

（二）以恐吓、骚扰等方式驱赶其他民族或者有其他信仰的人员离开居住地的；

（三）以恐吓、骚扰等方式干涉他人与其他民族或者有其他信仰的人员交往、共同生活的；

（四）以恐吓、骚扰等方式干涉他人生活习俗、方式和生产经营的；

（五）阻碍国家机关工作人员依法执行职务的；

（六）歪曲、诋毁国家政策、法律、行政法规，煽动、教唆抵制人民政府依法管理的；

（七）煽动、胁迫群众损毁或者故意损毁居民身份证、户口簿等国家法定证件以及人民币的；

（八）煽动、胁迫他人以宗教仪式取代结婚、离婚登记的；

（九）煽动、胁迫未成年人不接受义务教育的；

（十）其他利用极端主义破坏国家法律制度实施的。

第八十二条 明知他人有恐怖活动犯罪、极端主义犯罪行为，窝藏、包庇，情节轻微，尚不构成犯罪的，或者在司法机关向其调查有关情况、收集有关证据时，拒绝提供的，由公安机关处十日以上十五日以下拘留，可以并处一万元以下罚款。

第八十三条 金融机构和特定非金融机构对国家反恐怖主义工作领导机构的办事机构公告的恐怖活动组织及恐怖活动人员的资金或者其他资产，未立即予以冻结的，由公安机关处二十万元以上五十万元以下罚款，并对直接负责的董事、高级管理人员和其他直接责任人员处十万元以下罚款；情节严重的，处五十万元以上罚款，并对直接负责的董事、高级管理人员和其他直接责任人员，处十万元以上五十万元以下罚款，可以并处五日以上十五日以下拘留。

第八十四条 电信业务经营者、互联网服务提供者有下列情形之一的，由主管部门处二十万元以上五十万元以下罚款，并对其直接负责的主管人员和其他直接责任人员处十万元以下罚款；情节严重的，处五十万元以上罚款，并对其直接负责的主管人员和其他直接责任人员，处十万元以上五十万元以下罚款，可以由公安机关对其直接负责的主管人员和其他直接责任人员，处五日以上十五日以下拘留：

（一）未依照规定为公安机关、国家安全机关依法进行防范、调查恐怖活动提供技术接口和解密等技术支持和协助的；

（二）未按照主管部门的要求，停止传输、删除含有恐怖主义、极端主义内容的信息，保存相关记录，关闭相关网站或者关停相关服务的；

（三）未落实网络安全、信息内容监督制度和安全技术防范措施，造成含有恐怖主义、极端主义内容的信息传播，情节严重的。

第八十五条 铁路、公路、水上、航空的货运和邮政、快递等物流运营单位有下列情形之一的，由主管部门处十万元以上五十万元以下罚款，并对其直接负责的主管人员和其他直接责任人员处十万元以下罚款：

（一）未实行安全查验制度，对客户身份进行查验，或者未依照规定对运输、寄递物品进行安全检查或者开封验视的；

（二）对禁止运输、寄递，存在重大安全隐患，或者客户拒绝安全查验的物品予以运输、寄递的；

（三）未实行运输、寄递客户身份、物品信息登记制度的。

第八十六条 电信、互联网、金融业务经营者、服务提供者未按规定对客户身份进行查验，或者对身份不明、拒绝身份查验的客户提供服务的，主管部门应当责令改正；拒不改正的，处二十万元以上五十万元以下罚款，并对其直接负责的主管人员和其他直接责任人员处十万元以下罚款；情节严重的，处五十万元以上罚款，并对其直接负责的主管人员和其他直接责任人员，处十万元以上五十万元以下罚款。

住宿、长途客运、机动车租赁等业务经营者、服务提供者有前款规定情形的，由主管部门处十万元以上五十万元以下罚款，并对其直接负责的主管人员和其他直接责任人员处十万元以下罚款。

第八十七条 违反本法规定，有下列情形之一的，由主管部门给予警告，并责令改正；拒不改正的，处十万元以下罚款，并对其直接负责的主管人员和其他直接责任人员处一万元以下罚款：

（一）未依照规定对枪支等武器、弹药、管制器具、危险化学品、民用爆炸物品、核与放射物品作出电子追踪标识，对民用爆炸物品添加安检示踪标识物的；

（二）未依照规定对运营中的危险化学品、民用爆炸物品、核与放射物品的运输工具通过定位系统实行监控的；

（三）未依照规定对传染病病原体等物质实行严格的监督管理，情节严重的；

（四）违反国务院有关主管部门或者省级人民政府对管制器具、危险化学品、民用爆炸物品决定的管制或者限制交易措施的。

第八十八条 防范恐怖袭击重点目标的管理、营运单位违反本法规定，有下列情形之一的，由公安机关给予警告，并责令改正；拒不改正的，处十万元以下罚款，并对其直接负责的主管人员和其他直接责任人员处一万元以下罚款：

（一）未制定防范和应对处置恐怖活动的预案、措施的；

（二）未建立反恐怖主义工作专项经费保障制度，或者未配备防范和处置设备、设施的；

（三）未落实工作机构或者责任人员的；

（四）未对重要岗位人员进行安全背景审查，或者未将有不适合情形的人员调整工作岗位的；

（五）对公共交通运输工具未依照规定配备安保人员和相应设备、设施的；

（六）未建立公共安全视频图像信息系统值班监看、信息保存使用、运行维护等管理制度的。

大型活动承办单位以及重点目标的管理单位未依照规定对进入大型活动场所、机场、火车站、码头、城市轨道交通站、公路长途客运站、口岸等重点目标的人员、物品和交通工具进行安全检查的，公安机关应当责令改正；拒不改正的，处十万元以下罚款，并对其直接负责的主管人员和其他直接责任人员处一万元以下罚款。

第八十九条 恐怖活动嫌疑人员违反公安机关责令其遵守的约束措施的，由公安机关给予警告，并责令改正；拒不改正的，处五日以上十五日以下拘留。

第九十条 新闻媒体等单位编造、传播虚假恐怖事件信息，报道、传播可能引起模仿的恐怖活动的实施细节，发布恐怖事件中残忍、不人道的场景，或者未经批准，报道、传播现场应对处置的工作人员、人质身份信息和应对处置行动情况的，由公安机关处二十万元以下罚款，并对其直接负责的主管人员和其他直接责任人员，处五日以上十五日以下拘留，可以并处五万元以下罚款。

个人有前款规定行为的，由公安机关处五日以上十五日以下拘留，可以并处一万元以下罚款。

第九十一条 拒不配合有关部门开展反恐怖主义安全防范、情报信息、调查、应对处置工作的，由主管部门处二千元以下罚款；造成严重后果的，处五日以上十五日以下拘留，可以并处一万元以下罚款。

单位有前款规定行为的，由主管部门处五万元以下罚款；造成严重后果的，处十万元以下罚款；并对其直接负责的主管人员和其他直接责任人员依照前款规定处罚。

第九十二条 阻碍有关部门开展反恐怖主义工作的，由公安机关处五日以上十五日以下拘留，可以并处五万元以下罚款。

单位有前款规定行为的，由公安机关处二十万元以下罚款，并对其直接负责的主管人员和其他直接责任人员依照前款规定处罚。

阻碍人民警察、人民解放军、人民武装警察依法执行职务的，从重处罚。

第九十三条 单位违反本法规定，情节严重的，由主管部门责令停止从事相关业务、提供相关服务或者责令停产停业；造成严重后果的，吊销有关证照或者撤销登记。

第九十四条 反恐怖主义工作领导机构、有关部门的工作人员在反恐怖主义工作中滥用职权、玩忽职守、徇私舞弊，或者有违反规定泄露国家秘密、商业秘密和个人隐私等行为，构成犯罪的，依法追究刑事责任；尚不构成犯罪的，依法给予处分。

反恐怖主义工作领导机构、有关部门及其工作人员在反恐怖主义工作中滥用职权、玩忽职守、徇私舞弊或者有其他违法违纪行为的，任何单位和个人有权向有关部门检举、控告。有关部门接到检举、控告后，应当及时处理并回复检举、控告人。

第九十五条 对依照本法规定查封、扣押、冻结、扣留、收缴的物品、资金等，经审查发现与恐怖主义无关的，应当及时解除有关措施，予以退还。

第九十六条 有关单位和个人对依照本法作出的行政处罚和行政强制措施决定不服的，可以依法申请行政复议或者提起行政诉讼。

第十章 附 则

第九十七条 本法自2016年1月1日起施行。2011年10月29日第十一届全国人民代表大会常务委员会第二十三次会议通过的《全国人民代表大会常务委员会关于加强反恐怖工作有关问题的决定》同时废止。

中华人民共和国反间谍法

（2014年11月1日第十二届全国人民代表大会常务委员会第十一次会议通过　2014年11月1日中华人民共和国主席令第16号公布　自公布之日起施行）

第一章　总　　则

第一条　为了防范、制止和惩治间谍行为，维护国家安全，根据宪法，制定本法。

第二条　反间谍工作坚持中央统一领导，坚持公开工作与秘密工作相结合、专门工作与群众路线相结合、积极防御、依法惩治的原则。

第三条　国家安全机关是反间谍工作的主管机关。

公安、保密行政管理等其他有关部门和军队有关部门按照职责分工，密切配合，加强协调，依法做好有关工作。

★★ **第四条** 中华人民共和国公民有维护国家的安全、荣誉和利益的义务，不得有危害国家的安全、荣誉和利益的行为。

一切国家机关和武装力量、各政党和各社会团体及各企业事业组织，都有防范、制止间谍行为，维护国家安全的义务。

国家安全机关在反间谍工作中必须依靠人民的支持，动员、组织人民防范、制止危害国家安全的间谍行为。

★ **第五条** 反间谍工作应当依法进行，尊重和保障人权，保障公民和组织的合法权益。

第六条 境外机构、组织、个人实施或者指使、资助他人实施的，或者境内机构、组织、个人与境外机构、组织、个人相勾结实施的危害中华人民共和国国家安全的间谍行为，都必须受到法律追究。

第七条 国家对支持、协助反间谍工作的组织和个人给予保护，对有重大贡献的给予奖励。

第二章　国家安全机关在反间谍工作中的职权

★★ **第八条**　国家安全机关在反间谍工作中依法行使侦查、拘留、预审和执行逮捕以及法律规定的其他职权。

第九条　国家安全机关的工作人员依法执行任务时，依照规定出示相应证件，有权查验中国公民或者境外人员的身份证明，向有关组织和人员调查、询问有关情况。

第十条　国家安全机关的工作人员依法执行任务时，依照规定出示相应证件，可以进入有关场所、单位；根据国家有关规定，经过批准，出示相应证件，可以进入限制进入的有关地区、场所、单位，查阅或者调取有关的档案、资料、物品。

第十一条　国家安全机关的工作人员在依法执行紧急任务的情况下，经出示相应证件，可以优先乘坐公共交通工具，遇交通阻碍时，优先通行。

国家安全机关因反间谍工作需要，按照国家有关规定，可以优先使用或者依法征用机关、团体、企业事业组织和个人的交通工具、通信工具、场地和建筑物，必要时，可以设置相关工作场所和设备、设施，任务完成后应当及时归还或者恢复原状，并依照规定支付相应费用；造成损失的，应当补偿。

第十二条 国家安全机关因侦察间谍行为的需要，根据国家有关规定，经过严格的批准手续，可以采取技术侦察措施。

★★ **第十三条** 国家安全机关因反间谍工作需要，可以依照规定查验有关组织和个人的电子通信工具、器材等设备、设施。查验中发现存在危害国家安全情形的，国家安全机关应当责令其整改；拒绝整改或者整改后仍不符合要求的，可以予以查封、扣押。

对依照前款规定查封、扣押的设备、设施，在危害国家安全的情形消除后，国家安全机关应当及时解除查封、扣押。

第十四条 国家安全机关因反间谍工作需要，根据国家有关规定，可以提请海关、边防等检查机关对有关人员和资料、器材免检。有关检查机关应当予以协助。

第十五条 国家安全机关对用于间谍行为的工具和其他财物，以及用于资助间谍行为的资金、场所、物资，经设区的市级以上国家安全机关负责人批准，可以依法查封、扣押、冻结。

第十六条 国家安全机关根据反间谍工作需要，可以会同有关部门制定反间谍技术防范标准，指导有关部门落实反间谍技术防范措施，对存在隐患的部门，经过严格的批准手续，可以进行反间谍技术防范检查和检测。

第十七条 国家安全机关及其工作人员在工作中，应当严格依法办事，不得超越职权、滥用职权，不得侵犯组织和个人的合法权益。

国家安全机关及其工作人员依法履行反间谍工作职责获取的组织和个人的信息、材料，只能用于反间谍工作。对属于国家秘密、商业秘密和个人隐私的，应当保密。

第十八条 国家安全机关工作人员依法执行职务受法律保护。

第三章 公民和组织的义务和权利

★ **第十九条** 机关、团体和其他组织应当对本单位的人员进行维护国家安全的教育，动员、组织本单位的人员防范、制止间谍行为。

★★ **第二十条** 公民和组织应当为反间谍工作提供便利或者其他协助。

因协助反间谍工作，本人或者其近亲属的人身安全面临危险的，可以向国家安全机关请求予以保护。国家安全机关应当会同有关部门依法采取保护措施。

☆☆☆ **第二十一条** 公民和组织发现间谍行为，应当及时向国家安全机关报告；向公安机关等其他国家机关、组织报告的，相关国家机关、组织应当立即移送国家安全机关处理。

☆☆☆ **第二十二条** 在国家安全机关调查了解有关间谍行为的情况、收集有关证据时，有关组织和个人应当如实提供，不得拒绝。

★ **第二十三条** 任何公民和组织都应当保守所知悉的有关反间谍工作的国家秘密。

★ **第二十四条** 任何个人和组织都不得非法持有属于国家秘密的文件、资料和其他物品。

★ **第二十五条** 任何个人和组织都不得非法持有、使用间谍活动特殊需要的专用间谍器材。专用间谍器材由国务院国家安全主管部门依照国家有关规定确认。

★ **第二十六条** 任何个人和组织对国家安全机关及其工作人员超越职权、滥用职权和其他违法行为，都有权向上级国家安全机关或者有关部门检举、控告。受理检举、控告的国家安全机关或者有关部门应当及时查清事实，负责处理，并将处理结果及时告知检举人、控告人。

对协助国家安全机关工作或者依法检举、控告的个人和组织，任何个人和组织不得压制和打击报复。

第四章 法律责任

★★ **第二十七条** 境外机构、组织、个人实施或者指使、资助他人实施，或者境内机构、组织、个人与境外机构、组织、个人相勾结实施间谍行为，构成犯罪的，依法追究刑事责任。

实施间谍行为，有自首或者立功表现的，可以从轻、减轻或者免除处罚；有重大立功表现的，给予奖励。

第二十八条 在境外受胁迫或者受诱骗参加敌对组织、间谍组织，从事危害中华人民共和国国家安全的活动，及时向中华人民共和国驻外机构如实说明情况，或者入境后直接或者通过所在单位及时向国家安全机关、公安机关如实说明情况，并有悔改表现的，可以不予追究。

第二十九条 明知他人有间谍犯罪行为，在国家安全机关向其调查有关情况、收集有关证据时，拒绝提供的，由其所在单位或者上级主管部门予以处分，或者由国家安全机关处十五日以下行政拘留；构成犯罪的，依法追究刑事责任。

★ **第三十条** 以暴力、威胁方法阻碍国家安全机关依法执行任务的，依法追究刑事责任。

故意阻碍国家安全机关依法执行任务，未使用暴力、威胁方法，造成严重后果的，依法追究刑事责任；情节较轻的，由国家安全机关处十五日以下行政拘留。

第三十一条 泄露有关反间谍工作的国家秘密的，由国家安全机关处十五日以下行政拘留；构成犯罪的，依法追究刑事责任。

第三十二条 对非法持有属于国家秘密的文件、资料和其他物品的，以及非法持有、使用专用间谍器材的，国家安全机关可以依法对其人身、物品、住处和其他有关的地方进行搜查；对其非法持有的属于国家秘密的文件、资料和其他物品，以及非法持有、使用的专用间谍器材予以没收。非法持有属于国家秘密的文件、资料和其他物品，构成犯罪的，依法追究刑事责任；尚不构成犯罪的，由国家安全机关予以警告或者处十五日以下行政拘留。

第三十三条 隐藏、转移、变卖、损毁国家安全机关依法查封、扣押、冻结的财物的，或者明知是间谍活动的涉案财物而窝藏、转移、收购、代为销售或者以其他方法掩饰、隐瞒的，由国家安全机关追回。构成犯罪的，依法追究刑事责任。

第三十四条 境外人员违反本法的，可以限期离境或者驱逐出境。

★ **第三十五条** 当事人对行政处罚决定、行政强制措施决定不服的，可以自接到决定书之日起六十日内，向作出决定的上一级机关申请复议；对复议决定不服的，可以自接到复议决定书之日起十五日内向人民法院提起诉讼。

第三十六条 国家安全机关对依照本法查封、扣押、冻结的财物，应当妥善保管，并按照下列情形分别处理：

（一）涉嫌犯罪的，依照刑事诉讼法的规定处理；

（二）尚不构成犯罪，有违法事实的，对依法应当没收的予以没收，依法应当销毁的予以销毁；

（三）没有违法事实的，或者与案件无关的，应当解除查封、扣押、冻结，并及时返还相关财物；造成损失的，应当依法赔偿。

国家安全机关没收的财物，一律上缴国库。

第三十七条 国家安全机关工作人员滥用职权、玩忽职守、徇私舞弊，构成犯罪的，或者有非法拘禁、刑讯逼供、暴力取证、违反规定泄露国家秘密、商业秘密和个人隐私等行为，构成犯罪的，依法追究刑事责任。

第五章 附 则

第三十八条 本法所称间谍行为，是指下列行为：

（一）间谍组织及其代理人实施或者指使、资助他人实施，或者境内外机构、组织、个人与其相勾结实施的危害中华人民共和国国家安全的活动；

（二）参加间谍组织或者接受间谍组织及其代理人的任务的；

（三）间谍组织及其代理人以外的其他境外机构、组织、个人实施或者指使、资助他人实施，或者境内机构、组织、个人与其相勾结实施的窃取、刺探、收买或者非法提供国家秘密或者情报，或者策动、引诱、收买国家工作人员叛变的活动；

（四）为敌人指示攻击目标的；

（五）进行其他间谍活动的。

第三十九条 国家安全机关、公安机关依照法律、行政法规和国家有关规定，履行防范、制止和惩治间谍行为以外的其他危害国家安全行为的职责，适用本法的有关规定。

第四十条 本法自公布之日起施行。1993 年 2 月 22 日第七届全国人民代表大会常务委员会第三十次会议通过的《中华人民共和国国家安全法》同时废止。

附录二 实用图表

公民和组织维护国家安全的义务与权利

义务	1	遵守宪法、法律法规关于国家安全的有关规定： (1) 中华人民共和国公民、一切国家机关和武装力量、各政党和各人民团体、企业事业组织和其他社会组织，都有维护国家安全的责任和义务 (2) 维护国家主权、统一和领土完整是包括港澳同胞和台湾同胞在内的全中国人民的共同义务
	2	及时报告危害国家安全活动的线索
	3	如实提供所知悉的涉及危害国家安全活动的证据
	4	为国家安全工作提供便利条件或者其他协助
	5	向国家安全机关、公安机关和有关军事机关提供必要的支持和协助
	6	保守所知悉的国家秘密
	7	法律、行政法规规定的其他义务
	8	任何个人和组织不得有危害国家安全的行为，不得向危害国家安全的个人或者组织提供任何资助或者协助
	9	机关、人民团体、企业事业组织和其他社会组织应当对本单位的人员进行维护国家安全的教育，动员、组织本单位的人员防范、制止危害国家安全的行为
	10	企业事业组织根据国家安全工作的要求，应当配合有关部门采取相关安全措施

权利	1	国家对在维护国家安全工作中作出突出贡献的个人和组织给予表彰和奖励
	2	公民和组织支持、协助国家安全工作的行为受法律保护
	3	因支持、协助国家安全工作，本人或者其近亲属的人身安全面临危险的，可以向公安机关、国家安全机关请求予以保护。公安机关、国家安全机关应当会同有关部门依法采取保护措施
	4	公民和组织因支持、协助国家安全工作导致财产损失的，按照国家有关规定给予补偿；造成人身伤害或者死亡的，按照国家有关规定给予抚恤优待
	5	公民和组织对国家安全工作有向国家机关提出批评建议的权利，对国家机关及其工作人员在国家安全工作中的违法失职行为有提出申诉、控告和检举的权利
	6	在国家安全工作中，需要采取限制公民权利和自由的特别措施时，应当依法进行，并以维护国家安全的实际需要为限度

ISBN 978-7-5216-2354-3
9 787521 623543 >
定价：25.00元

图书在版编目（CIP）数据

中华人民共和国国家安全法：大字学习版／中国法制出版社编．—北京：中国法制出版社，2022.1
（法律法规大字学习版）
ISBN 978-7-5216-2354-3

Ⅰ.①中… Ⅱ.①中… Ⅲ.①国家安全法-中国 Ⅳ.①D922.14

中国版本图书馆CIP数据核字（2021）第259372号

责任编辑：成知博　　　封面设计：李　宁

中华人民共和国国家安全法：大字学习版
ZHONGHUA RENMIN GONGHEGUO GUOJIA ANQUANFA：DAZI XUEXIBAN

编者/中国法制出版社
经销/新华书店
印刷/三河市国英印务有限公司
开本/880毫米×1230毫米　32开　　印张/5.25　字数/93千
版次/2022年1月第1版　　2022年1月第1次印刷

中国法制出版社出版
书号 ISBN 978-7-5216-2354-3　　定价：25.00元

北京市西城区西便门西里甲16号西便门办公区
邮政编码：100053　　传真：010-63141852
网址：http：//www.zgfzs.com　　编辑部电话：010-63141813
市场营销部电话：010-63141612　　印务部电话：010-63141606

（如有印装质量问题，请与本社印务部联系。）